Michael Dittrich

Lagerlogistik

Neue Wege
zur systematischen Planung

2. Auflage

W0173722

HANSER

Geleitwort

Einkauf und Logistik beeinflussen maßgeblich die Wettbewerbsfähigkeit von Unternehmen. Der Anteil der Beschaffung der deutschen Industrie ist inzwischen auf über 50 Prozent des Unternehmensumsatzes gestiegen. Die Qualität beim Einkauf bestimmt die Qualität der Produkte.

Der BME fördert seit über 45 Jahren die Belange des Faches und vertritt die Interessen von 1000 Unternehmen und 4000 persönlichen Mitgliedern. Mit der Reihe „Pocket Power Einkauf und Logistik" verbinden wir den Wunsch, wesentliche Themenfelder aus dem Bereich übersichtlich aufzubereiten und auch einem breiteren Kreis von unternehmerischen Entscheidern nahe zu bringen.

Es würde mich freuen, wenn die vorliegende Publikation einen Beitrag zu Ihrem Unternehmenserfolg leisten würde.

Dr. Holger Hildebrandt, Vorsitzender des BME

Inhalt

Geleitwort 2

Wegweiser 6

1   Unternehmenslogistik 7
1.1 Rationalisierung durch die Unternehmenslogistik 8
1.2 Differenzierung durch die Unternehmenslogistik 9
1.3 Die Bedeutung der Lagerlogistik 9

2   Die Planungsphasen in der Lagerlogistik 13
2.1 Die Grobplanung in der Lagerlogistik 14
2.2 Die Bedeutung der Grobplanung 15
2.3 Anforderungen an die Grobplanung 17
2.4 Resultate der Grobplanung 20

3   Die Funktionen im Lagerlogistiksystem 22
3.1 Wareneingang 23
3.2 Einheitenlager 24
3.3 Kommissionierlager 25
3.4 Packerei 26
3.5 Warenausgang 27
3.6 Lagerorganisation 27
3.7 Andere Formen von Lagerlogistiksystemen 28

4 **Die funktionsspezifischen Subsysteme des Lagerlogistiksystems** 29

4.1 Einheitenlager 29

4.2 Kommissionierlager 35

5 **Die Planungskriterien in der Lagerlogistikgrobplanung** 53

5.1 Die Marktanforderungen an das Lagerlogistiksystem 53

5.2 Die Planungskriterien 56

5.3 Die Planungskriterien in Abhängigkeit der Planungsphase 58

5.4 Der Planungskriterienkatalog 61

6 **Der Planungsprozess in der Lagerlogistikgrobplanung** 68

6.1 Situationsanalyse 68

6.2 Zielformulierung 68

6.3 Synthese von Lösungen 70

6.4 Analyse von Lösungen 70

6.5 Bewertung und Auswahl 70

7 **Situationsanalyse** 72

7.1 Einleitung 72

7.2 Methoden zur Informationsbeschaffung 73

7.3 Datenanalyse 79

8   Zielformulierung   85

8.1   Einleitung   85

8.2   Materialflussdiagramme   86

8.3   Die Erstellung des Soll-Materialflussdiagramms   88

8.4   Der Zielkatalog   98

9   Synthese von Lösungen   104

9.1   Bildung von Systembereichen und Systemzonen   104

9.2   Generierung der Lösungsalternativen   109

9.3   Darstellung der Lösungsalternativen   111

10   Analyse von Lösungen   113

10.1 Einleitung   113

10.2 Statische Prüfung   115

10.3 Dynamische Prüfung durch eine Simulation   116

11   Bewertung und Auswahl von Lösungen   120

11.1 Einleitung   120

11.2 Wirtschaftlichkeitsanalyse   121

11.3 Nutzwertanalyse   124

Wegweiser

Dieses Buch wendet sich an Praktiker. Die folgenden drei Symbole führen Sie schnell zum Ziel:

 Dieses Symbol markiert **Anwendungstipps**: Hier erfahren Sie, wie Sie bei der Umsetzung am besten vorgehen.

 Hier geben wir Ihnen **Praxisbeispiele**, die zeigen, wie die Thematik von anderen konkret umgesetzt wird.

 Wo Sie dieses Symbol sehen, weisen wir Sie auf **Hürden und Hindernisse** hin, die einer Umsetzung erfahrungsgemäß oft im Wege stehen.

1 Unternehmenslogistik

Viele Unternehmen stehen heute vor ähnlichen Problemstellungen. Die wesentlichen Trends wie hoher Kostendruck, kürzere Innovationszyklen, höhere Kundenerwartungen und Globalisierung der Märkte beeinflussen schlussendlich auch die Unternehmenslogistik.

Bild 1: *Heutiges Marktszenario*

Die Bedeutung der Unternehmenslogistik ist nicht für alle Branchen gleich groß. Beispielsweise ist durch die Substituierbarkeit der Produkte im Konsumgüterbereich diese Branche gezwungen, der **Logistik** einen sehr hohen Stellenwert einzuräumen. Es ist somit auch nicht weiter verwunderlich, dass diese Unternehmen zu den Pionieren im Bereich der Logistik zählen.

Durch die Analyse der Logistik nach den Kriterien Differenzierung und Rationalisierung in verschiedenen Branchen wird deutlich, dass die Logistik in der Handels- und Konsumgüterbranche eine herausragende Bedeutung hat (Bild 2).

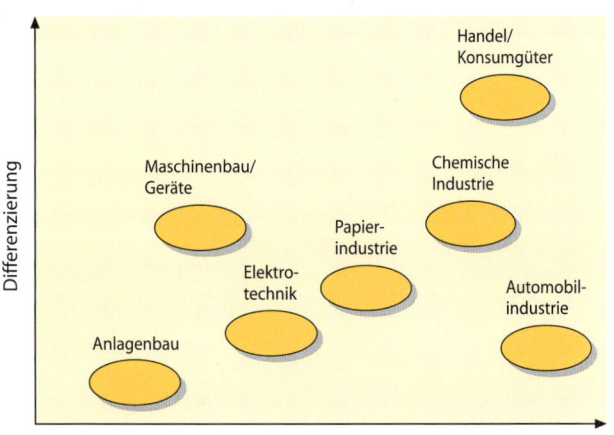

Bild 2: *Die Bedeutung der Logistik in Abhängigkeit von der Branche*

1.1 Rationalisierung durch die Unternehmenslogistik

Durch neue Konzepte (z. B. Lean Production, CIM – Computer Integrated Manufacturing) und neue Technologien (z. B. Roboter) wurden die bestehenden **Produktivitätsreserven** in der Produktion fast vollständig ausgeschöpft oder zumindest erkannt. Bisher vernachlässigte Produktivitätsreserven liegen im Bereich der Verwaltung und der Logistik. Besonders im Handel stellen die Logistikkosten einen hohen und beeinflussbaren Anteil an den Gesamtkosten dar.

1.2 Differenzierung durch die Unternehmenslogistik

Um auf den immer stärker umkämpften Märkten gegen die Konkurrenz bestehen zu können, müssen die Unternehmen ihr Leistungsangebot weiter verbessern. Neben den Herstellkosten, der Produktqualität und der Kundenorientierung wird die Qualität der logistischen Leistung – je länger, je mehr – ein Instrument zur Erreichung strategischer Erfolgspositionen (Bild 3).

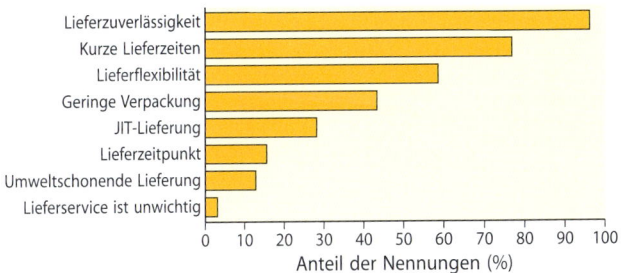

Bild 3: *Anforderungen an die Logistik aus Kundensicht*

1.3 Die Bedeutung der Lagerlogistik

Die Auswertung einer Umfrage belegt deutlich die hohe Bedeutung der Lagerlogistik innerhalb der Materialflusskette (Bild 4).

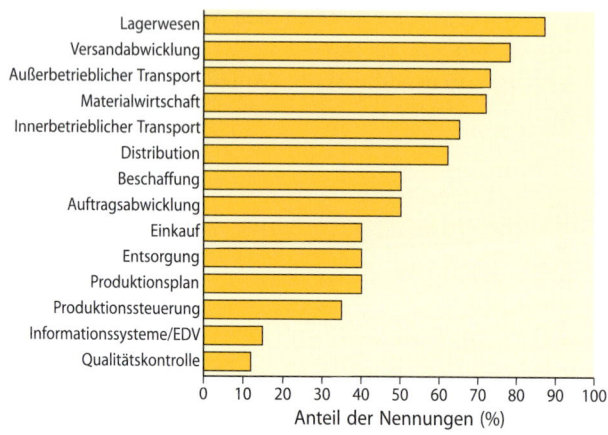

Bild 4: *Bedeutung der Logistikbereiche*

Aufgrund der aktuellen Logistiktrends wird der Stellenwert des Lagers künftig noch weiter zunehmen.

	Bedeutung des Lagers
Weltweite Beschaffungslogistik	⇑
Zulieferer aus Billiglohnländern	⇑
Single Sourcing	⇑
Bestandorientierte Vorfertigung	⇑
Auftragsbezogene Endfertigung	⇑
Einbindung externer Dienstleister	⇓
Kleine Liefermengen	⇑
E-Commerce	⇑

Bild 5: *Logistischer Stellenwert des Lagers*

Die Aufgliederung der **Logistikkosten** in Westeuropa nach Kostenarten belegt die Bedeutung der Lagerlogistik als Kostenfaktor in der Handelsbranche (Tab. 1).

	Lagerhaus-kosten	Lagerhal-tungskosten	Administra-tionskosten	Transport-kosten
Papierindustrie	3	3,6	2,1	4,7
Großhandel	3	2,9	3,3	2,9
Einzelhandel	3	2	1,6	2,3
Elektroindustrie	2,6	4,6	2,9	2,5
Chemische Industrie	2,3	2,6	1,5	3,8
Automobilindustrie	2,3	2,7	1,2	2,7
Lebensmittelindustrie	2,2	2,8	1,7	3,7
Maschinenbauindustrie	2,2	2,9	1,9	2,3
Computerindustrie	2	3,8	2,5	2
Pharmaindustrie	2	2,5	2,1	2,2

Tab. 1: *Distributionslogistik in % vom Umsatz*

Das unten stehende Zitat fasst die Erkenntnisse aus den obigen Ausführungen kurz und prägnant zusammen:

„Aus einem Bereich, von dem man glaubte, dass die Durchführung der Lagervorgänge vor allem ein paar kräftige Personen benötigen würde, ist eine Funktion des Beschaffungs-, Produktions- und Distributionsprozesses geworden, die sehr wohl einiger intensiver Überlegungen für den richtigen Einsatz der am Markt verfügbaren mechanischen und automatischen Lagermittel bedarf."

2 Die Planungsphasen in der Lagerlogistik

Der Planungsprozess lässt sich in die folgenden vier **Projektphasen** unterteilen (vgl. Bild 6):

▶ Strategieplanung
▶ Lagerlogistikplanung
▶ Realisierung
▶ Betrieb

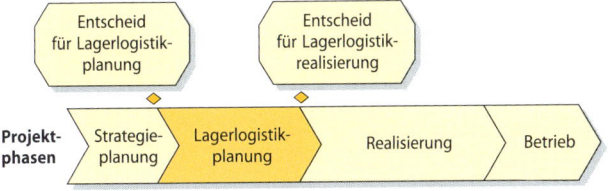

Bild 6: *Projektphasen in der Logistikplanung*

Im Rahmen der Strategieplanung werden marktorientierte Fragestellungen in Bezug auf die Logistikstrategie behandelt wie Servicegrad, Distributionsstruktur, Standortplanung usw. Die Ergebnisse der Strategieplanung fließen dann als Zielinformationen in das Anforderungsprofil für die Lagerlogistikplanung ein.

Die Aufgabe der **Lagerlogistikplanung** besteht nach Aggteleky in der Ermittlung und Verwirklichung des optimalen Konzeptes in Bezug auf die Ergebnisse der Strategieplanung. D. h. es muss eine Übereinstimmung zwischen dem Anforderungsprofil und dem ausgewählten Leistungsprofil des Lagerlogistiksystems gefunden werden.

Ein iteratives Vorgehen zwischen den Projektphasen Strategie- und Lagerlogistikplanung ist ein Muss. Da in der Praxis Strategie- bzw. Lagerlogistikplanung häufig von unterschiedlichen Beraterfirmen durchgeführt wird, wird die obige Forderung nach einem iterativen Vorgehen oft nicht erfüllt.

Im Rahmen der Realisierung wird das optimale Konzept aus der Lagerlogistikplanung in ein Lagerlogistiksystem umgesetzt und anschließend in Betrieb genommen.

2.1   Die Grobplanung in der Lagerlogistik

Die Grobplanung stellt die erste Teilphase der Lagerlogistikplanung dar (vgl. Bild 7).

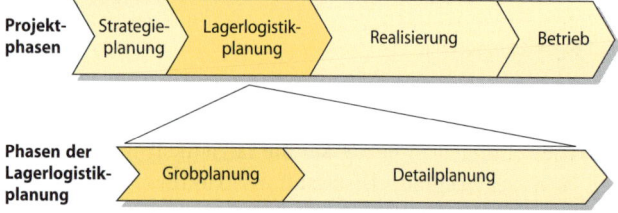

Bild 7: *Der Grobplanungsprozess innerhalb der Lagerlogistikplanung*

Im Rahmen der **Grobplanung** werden die folgenden Planungsaktivitäten durchgeführt:

▶ Festhalten der Zielvorgaben vom Auftraggeber (Logistikstrategie, Planungshorizont usw.)
▶ Erarbeiten der Ist- und Soll-Datenbasis

▶ Erarbeiten von Lösungsalternativen für das Lagerlogistiksystem

▶ Bewertung und Auswahl der optimalen Lösungsalternativen

2.2 Die Bedeutung der Grobplanung

Die Anforderungen an die Lagersysteme haben sich in den letzten Jahren deutlich verändert:

▶ Minimierte Lagerkapazität
▶ Hohe Umschlagleistung
▶ Kundenorientierte Kommissionierleistung
▶ Übernahme von Sekundäraufgaben
▶ Hohe Verfügbarkeit und Zuverlässigkeit
▶ Integrierter Bestandteil des Logistiksystems

Aufgrund dieser Veränderungen und der zunehmenden Bedeutung einer effizienten Lagerlogistik wurden in den letzten Jahren unzählige technische Entwicklungen durchgeführt. Durch die Vielzahl der am Markt erhältlichen technischen Lösungen stellt sich im Planungsprozess immer früher die Frage, welche Systeme sich für welchen Anwendungsfall eignen. Dies wiederum erfordert möglichst umfassende Kenntnisse der Leistungsprofile der **Lagerlogistiksubsysteme**. Insbesondere aufgrund der Automatisierungsmöglichkeiten, die sich heute bieten, gewinnt die Planung von Lagerlogistiksystemen zunehmend an Bedeutung. Es ist somit auch nicht verwunderlich, dass in der Praxis in verstärktem Maß eine Anpassung der diversen Planungstechniken an die neuen technischen Möglichkeiten gefordert wird.

Im Allgemeinen stellen die Grobplanungskosten mit ca. 8 % einen Bruchteil der gesamten Projektkosten dar. Die Höhe der Realisierungskosten wird hingegen schon weitgehend in der Grobplanungsphase festgelegt (vgl. Bild 8). Fehler in dieser Planungsphase führen zu unwirtschaftlichen Lagerlogistiksystemen mit zum Teil unabsehbaren Folgen auf die vor- und nachgelagerten Bereiche.

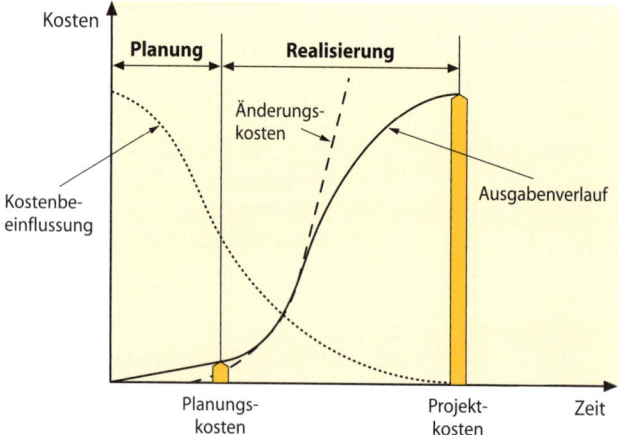

Bild 8: *Kostenverläufe in der Planungs- und Realisierungsphase*

Bei der Planung von Lagerlogistiksystemen ist es aus Gründen von Kosten- und Zeitdruck unerlässlich, dass schon in der Phase der Grobplanung eine optimale Auswahl der bevorzugten Lösungsvariante anhand weniger relevanter Kriterien getroffen werden kann. Aggteleky fordert deshalb für die Planung eine breite Ausgangsbasis und eine rasche Konzentration auf die optimale Lösung (vgl. Bild 9).

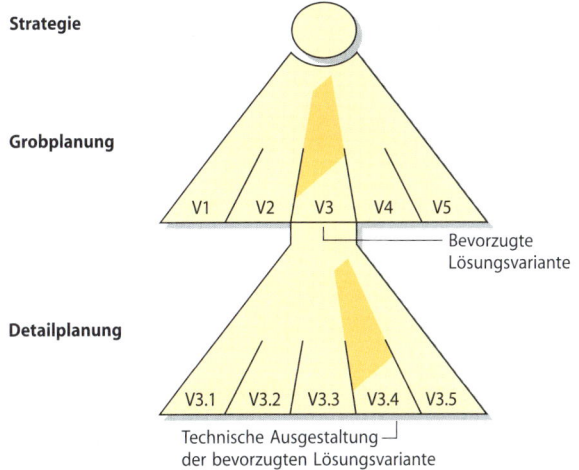

Bild 9: *„Vom Groben ins Detail"*

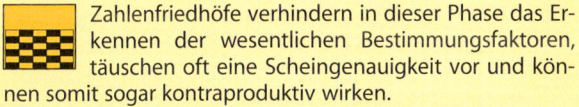

Zahlenfriedhöfe verhindern in dieser Phase das Erkennen der wesentlichen Bestimmungsfaktoren, täuschen oft eine Scheingenauigkeit vor und können somit sogar kontraproduktiv wirken.

2.3 Anforderungen an die Grobplanung

2.3.1 Integrierte Planung

Das Systemdenken in der Lagerlogistik setzt das Erkennen von Zusammenhängen aller Subsysteme des Lagerlogistiksystems voraus. Nur so können Ziel- und Kostenkonflikte in der Phase der Grobplanung erkannt und gelöst werden. Dieser Zusammenhang zwischen technischem und wirtschaftlichem Denken ist typisch für die Logistikplanung.

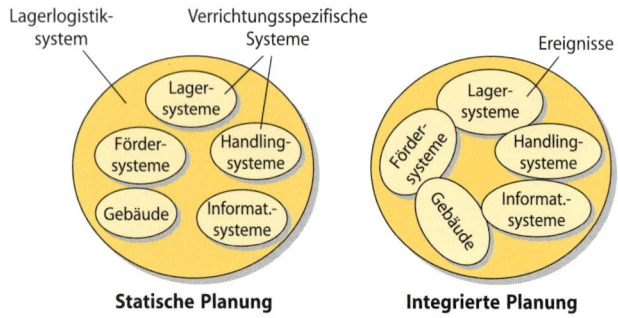

Bild 10: *Statische und integrierte Planung*

2.3.2 Planungsvorgehen „von innen nach außen"

Beim Vorgehen in der Lagerlogistikplanung werden in der Praxis grundsätzlich zwei Vorgehensweisen angewendet:

Die analytische Planung

Die analytische Planung beginnt beim Grundstück und endet bei der innerbetrieblichen Layoutplanung. Dieses Vorgehen orientiert sich am Grundsatz „von außen nach innen".

Die synthetische Planung

Die synthetische Planung beginnt bei den Kernfunktionen des Lagerlogistiksystems und kombiniert die einzelnen Funktionsbereiche, bis das Gesamtsystem entsteht. Nun können die Anforderungen an das Grundstück formuliert werden.

 Die Erfahrung zeigt, dass für eine erfolgreiche Planung eines Lagerlogistiksystems das Vorgehen der synthetischen Planung im Vordergrund stehen muss.

Nur so kann sichergestellt werden, dass die geforderten logistischen Funktionen des Lagerlogistiksystems optimal erfüllt werden können.

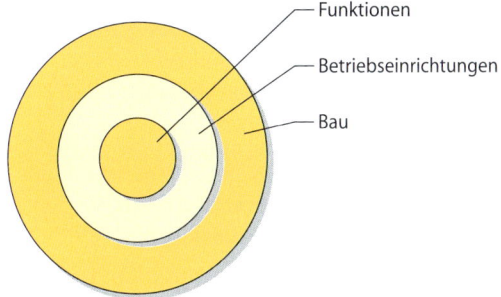

— Funktionen

— Betriebseinrichtungen

— Bau

Bild 11: *Grundsätzliches Planungsvorgehen von innen nach außen*

2.3.3 Kontinuierliche Planung

Das Ergebnis einer Lagerlogistikplanung ist statisch. D. h. die Ergebnisse der Planung gelten nur unter den Randbedingungen, die zum Zeitpunkt der Planung Gültigkeit haben. Diese Randbedingungen unterliegen einer Vielzahl von technischen, wirtschaftlichen und politischen Einflüssen, die sich im Laufe der Zeit natürlich ändern. Der Prozess der Lagerlogistikplanung muss somit als dynamischer Prozess angesehen werden, der periodisch wiederholt werden muss.

 Die Erstellung von nachvollziehbaren Planungsunterlagen, die es jederzeit ermöglichen, einen weiteren Planungsprozess zu durchlaufen, ist ein unabdingbares Muss für die Lagerlogistikplanung.

2.4 Resultate der Grobplanung

Die Resultate der Lagerlogistikgrobplanung dienen im Wesentlichen den folgenden zwei Zielen:

▶ Nachvollziehbare **Dokumentation** des Entscheidungsprozesses der Lagerlogistikgrobplanung
▶ Basis für die darauf folgende **Detailplanung** der Vorzugsvarianten

Eine detaillierte Beschreibung der Ergebnisse der Lagerlogistikgrobplanung lässt sich am übersichtlichsten anhand der einzelnen Planungsphasen darstellen:

2.4.1 Situationsanalyse

Datenanalysebericht der Ist-Situation

Der Datenanalysebericht beinhaltet die Analyse der heutigen Materialflüsse, Lagerbestände und Auftragsdaten. Diese Analyse beinhaltet sowohl die Bestimmung der Mittelwerte als auch die der Jahresprofile der oben genannten Größen.

2.4.2 Zielformulierung

Soll-Materialflussdiagramm

▶ Das Soll-Materialflussdiagramm enthält eine möglichst quantifizierte Beschreibung der künftigen Materialflüsse, Lagerbestände und Auftragsdaten.

Zielkatalog

▶ Der Zielkatalog beschreibt die überwiegend qualitativen Anforderungen an das künftige Lagerlogistiksystem.

2.4.3 Synthese und Analyse
der Lösungsalternativen

Pro Lösungsalternative müssen die einzelnen Subsysteme des Lagerlogistiksystems beschrieben werden. Zu diesem Zweck werden die folgenden Systemgruppen der einzelnen **Subsysteme** spezifiziert:

▶ Förder- und Handlingsysteme
▶ Lagersysteme
▶ IT-Systeme
▶ Gebäude

Diese **Grobspezifikation** enthält im Allgemeinen die folgenden Informationen:

▶ Kurze Funktionsbeschreibung
▶ Groblayout der Pläne (Grundriss, Aufriss mindestens im Maßstab 1 : 200)
▶ Schnittstellenbeschreibung zu anderen Subsystemen

2.4.4 Lösungsbewertung und Auswahl
der bevorzugten Lösungsalternative

▶ Investitionen mit Genauigkeit +/–10 bis +/–15 %
▶ Betriebskosten
  • Personal
  • Unterhalts- und Energiekosten
  • Abschreibungen und Kapitalkosten
▶ Bewertung der qualitativen Aspekte (z. B. Nutzwertanalyse)
▶ Grober Zeitplan für die Detailplanung und Implementierung

3 Die Funktionen im Lagerlogistiksystem

Um die relevanten Kriterien für die Grobplanung zu identifizieren, müssen neben den Marktanforderungen auch die
einzelnen Funktionen des Lagerlogistiksystems bekannt
sein. Im folgenden Abschnitt soll somit auf die einzelnen,
funktionsspezifischen Subsysteme des Lagerlogistiksystems
kurz eingegangen werden.

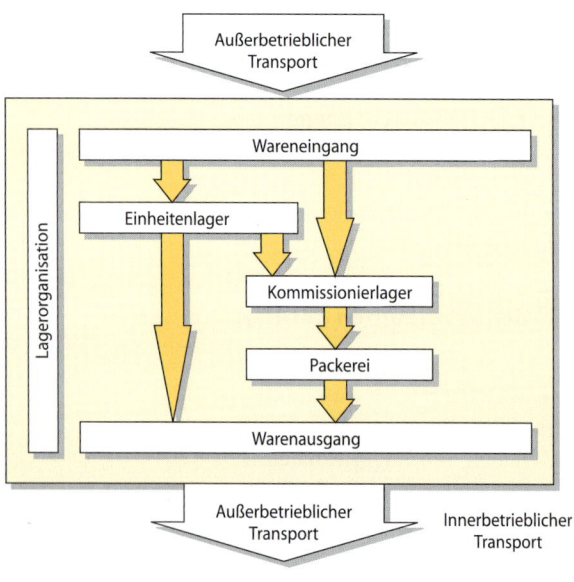

Bild 12: *Funktionsspezifische Subsysteme des Lagerlogistiksystems*

Das folgende Bild zeigt die wesentlichen Begriffe zu den funktionsspezifischen Subsystemen und deren systematischen Zusammenhang.

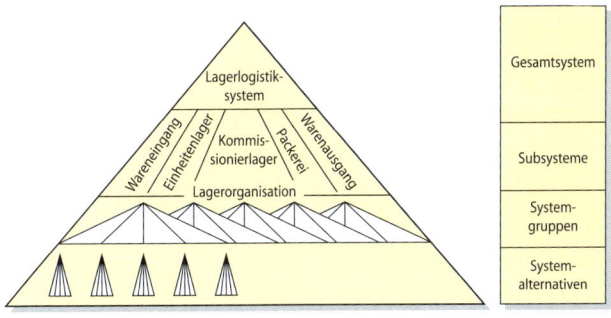

Bild 13: *Funktionsspezifische Subsysteme, Systemgruppen und Systemalternativen*

Grundsätzlich gilt, dass **Systemgruppen** innerhalb eines Subsystems verschiedene Funktionen erfüllen. Die Systemalternativen einer Systemgruppe erfüllen hingegen dieselben Funktionen, aber mit einer anderen technischen Ausprägung.

3.1 Wareneingang

Das Subsystem „Wareneingang" erfüllt in erster Linie die Aufgaben der Warenannahme vom Zulieferanten und der Vorbereitung der Waren für die Lagerung. Dabei lässt sich nicht vermeiden, dass die Ware eine bestimmte Zeit im Wareneingang verweilt und etwaige Sortieraufgaben (z. B. Umladen auf das geeignete Ladehilfsmittel) durchgeführt werden müssen. Da diese Aufgaben im Wareneingang aber untergeordnete Bedeutung haben und die Hauptaufgabe in der Erfüllung des Bewegungsprozesses liegt, ist die funktionelle Isolierbarkeit zu den unten stehenden Subsystemen gewährleistet.

3.1.1 Funktionen im Wareneingang

Folgende Grundfunktionen müssen im Wareneingang wahrgenommen werden:

▶ Abladen der ankommenden Ware
▶ Identifikation der ankommenden Ware
▶ Wareneingangskontrolle
▶ Lagerfähigkeit der Ware vorbereiten (z. B. durch Umladen auf das geeignete Ladehilfsmittel, Umpacken etc.)
▶ Transport der Ware vom Wareneingang in das Einheitenlager

und/oder

▶ Transport der Ware in das Kommissionierlager

3.2 Einheitenlager

Die Aufgabe des Einheitenlagers besteht in der Lagerung der Ware. D. h., das Einheitenlager dient ausschließlich der Zeitüberbrückung. Die Ware verlässt das Einheitenlager wieder in demselben Zustand und in der gleichen Zusammensetzung, wie sie eingelagert wurde. Falls die Einheiten nach der Auslagerung nicht direkt in den Warenausgang, sondern zuerst in das Kommissionierlager gelangen, spricht man bei diesem Subsystem auch von **Reservelager**. Als Ladehilfsmittel kommt heute beim Einheitenlager in den allermeisten Fällen eine genormte Palette (z. B. Europalette) zum Einsatz.

3.2.1 Funktionen im Einheitenlager

Folgende Grundfunktionen müssen im Einheitenlager wahrgenommen werden:

► Einlagerung der Ware aus dem Wareneingang
► Lagerung der Ware
► Auslagerung der Ware
► Transport der Ware in den Warenausgang
  und/oder
► Transport der Ware in das Kommissionierlager

Grundsätzlich lassen sich somit beim Einheitenlager folgende Systemgruppen unterscheiden:

► Einlagersystem
► Lagersystem
► Auslagersystem

3.3 Kommissionierlager

Der Begriff der Kommissionierung ist nach VDI folgendermaßen definiert:

Die Kommissionierung entspricht der Zusammenstellung von bestimmten Teilmengen (Artikel) aus einer bereitgestellten Gesamtmenge (Sortiment) aufgrund von Bedarfsinformationen (Aufträge).

Die Ware verlässt diesen Lagerbereich nicht in demselben Zustand, in dem sie eingelagert wurde.

3.3.1 Funktionen im Kommissionierlager

Folgende Funktionen können bei der Kommissionierung unterschieden werden:

- Transport der Ware zum Bereitstellungsplatz
- Bereitstellung der Ware
- Bewegung des Pickers
- Greifen durch den Picker
- Transport der Pickeinheit zur Abgabe
- Abgabe der Pickeinheit
- Transport der Sammeleinheit zur Abgabe
- Abgabe der Sammeleinheit
- Rücktransport der angebrochenen Lagereinheit

Nicht bei allen Organisationsformen der Kommissionierung müssen sämtliche oben erwähnten Grundfunktionen der Kommissionierung vertreten sein. Das Subsystem „Kommissionierlager" dient in erster Linie der Sortierfunktion, aber auch der Nachschub- und Lagerfunktion. Somit müssen die folgenden Systemgruppen isoliert betrachtet werden:

- Nachschubsystem
- Lagerungssystem
- Picksystem
- Auftragszusammenstellungssystem

3.4 Packerei

Im Subsystem „Packerei" werden alle Tätigkeiten zusammengefasst, die dazu dienen, den sortierten Auftrag zu einer versandfähigen Einheit zusammenzustellen. Somit ist in der Packerei kein weiterer Sortiervorgang anzutreffen. Da der Packvorgang eine gewisse Durchlaufzeit beansprucht, lässt sich nicht vermeiden, dass sich die Ware eine gewisse Zeit in der Packerei aufhält. Diese Zeitüberbrückung ist in der Packerei aber von untergeordneter Bedeutung, da sie nicht der Hauptfunktion der Packerei entspricht und im Verhältnis zur gesamten Durchlaufzeit gering ist.

3.5 Warenausgang

Der Warenausgang stellt das Bindeglied zwischen der eigentlichen Lagerfunktion und den Bestellern dar. Der Warenausgang erfüllt somit die Aufgabe der Warenabgabe an den Besteller und die damit zusammenhängenden vorbereitenden Aufgaben. Auch in diesem Subsystem gilt, dass sowohl die Sortierfunktion als auch die Zeitüberbrückung eine untergeordnete Rolle spielen.

3.5.1 Funktionen im Warenausgang

Zusammengefasst können folgende Tätigkeiten dem Warenausgang zugeordnet werden:

- ▶ Entgegennahme der Ware aus der Packerei
- ▶ Geordnetes Zwischenlagern, bis die Ware abgeholt wird
- ▶ Disposition der abholenden Transportmittel
- ▶ Verladen auf die Transportmittel

3.6 Lagerorganisation

Dieses Subsystem wird häufig auch mit Lagersteuerung bezeichnet. Um eine Verwechslung mit dem Steuerungssystem für technische Transporteinrichtungen zu vermeiden, soll hier der Begriff der Lagerorganisation verwendet werden.

Die Aufgabe der Lagerorganisation besteht darin, die oben beschriebenen, räumlich abzugrenzenden Subsysteme organisatorisch zu verbinden. Folgende Funktionen stellen einen Auszug aus dem breiten Aufgabenbereich der Lagerorganisation dar:

▶ Organisation Wareneingang
▶ Organisation Einheitenlager/Reservelager
   • Verwaltung der Lagerbestände
   • Verwaltung der Lagerplätze
▶ Organisation der Kommissionierung
   • Übernahme der Kundenaufträge vom Host
   • Bildung von Kommissionieraufträgen
   • Leitfunktion während des Kommissioniervorganges
   • Organisation des Sortiervorganges
▶ Organisation des Nachschubes zwischen Reservelager und Kommissionierlager
▶ Organisation Packerei
▶ Organisation Warenausgang

3.7 Andere Formen von Lagerlogistiksystemen

Nicht in allen Lagerlogistiksystemen sind die beschriebenen Subsysteme vorhanden oder werden eventuell in einer anderen Reihenfolge durchlaufen. Durch die hier verwendete Definition wird das einzelne Subsystem von diesen Veränderungen nicht tangiert.

4 Die funktionsspezifischen Subsysteme des Lagerlogistiksystems

Die Praxis zeigt, dass man sich im Rahmen der Lagerlogistikgrobplanung auf die beiden Subsysteme Einheiten- und Kommissionierlager beschränken kann. Im Folgenden werden diese beiden Subsysteme und deren Systemgruppen kurz besprochen.

4.1 Einheitenlager

4.1.1 Ein- und Auslagersystem

Da die Funktionen der Einlagerung und Auslagerung der Lagereinheiten im Einheitenlager durch dieselbe Technik erfolgen, sind im Vergleich zum Kommissionierlager auch die Anforderungen an die Leistung der Ein- und Auslagersysteme höher (jede Lagereinheit muss zweimal transportiert werden). Folgende zwei Systemalternativen sollen hier näher untersucht werden:

▶ Mechanisierte Ein- und Auslagerung
▶ Automatische Ein- und Auslagerung

Aufgrund der hohen Anforderungen an die Ein-/Auslagerleistung scheiden manuelle Systemalternativen für diesen Bereich weitgehend aus.

Staplergeräte

Diese Form der mechanisierten Ein- und Auslagerung bietet ein hohes Maß an Leistungsflexibilität aufgrund der gassenungebundenen Geräte. Die Einlagerhöhe beschränkt sich hingegen auf ca. 12 m. Ein weiterer Nachteil liegt im Flächenverlust durch die breiteren Gassen (2,2 m bis 3,5 m).

Regalbediengeräte

Bei der Einlagerung mit einem Regalbediengerät ergeben sich zwei Möglichkeiten:

▶ Bemannte Regalbediengeräte
▶ Vollautomatische Regalbediengeräte

Die Vorteile der Regalbediengeräte liegen in der hohen Ein- und Auslagerleistung sowie in der sehr hohen Flächennutzung durch Lagerhöhen bis zu 40 m und sehr schmalen Gassenbreiten (ca. 1,6 m). Als gewichtiger Nachteil ist hingegen die geringe Flexibilität der Leistung aufgrund der gassengebundenen Geräte zu sehen.

 Da es sich beim Transport in den Ein- und Auslagersystemen um uniforme Lagereinheiten handelt, sind in diesem Bereich die Voraussetzungen für eine hohe Automatisierung gegeben.

4.1.2 Lagersystem

Das Lagersystem dient ausschließlich der Funktion der Zeitüberbrückung. Da dieser Bereich keine Manipulationsaufgaben zu erfüllen hat, steht der Aspekt der optimalen Flächen- und Raumnutzung im Vordergrund. Die wesentlichen Einschränkungen, die bei der Gestaltung der Lagersysteme zu bedenken sind, bestehen im freien Zugriff auf jeden Artikel und gegebenenfalls in der Berücksichtigung des **First-in-**

first-out-Prinzips (= FIFO). Folgende zwei Systemalternativen sollen hier näher untersucht werden:

▶ Getrenntes Einheitenlager
▶ Integriertes Einheitenlager

Getrenntes Einheitenlager

Beim getrennten Einheitenlager werden die Reservebestände örtlich getrennt vom Kommissionierlager angeordnet.

 Folgende Umstände können darauf hindeuten, dass eine Trennung sinnvoll ist:

- Der Nachschub aus dem Einheitenlager in das Kommissionierlager erfolgt in ganzen Lagereinheiten.
- Der mittlere Bestand pro Artikel beträgt mehr als zwei Lagereinheiten.
- Greifzeit < 10 Sek./Position.
- Leistungsanforderung > 50 Lagereinheiten/Stunde.
- Hohe Anzahl von Artikeln.

Getrennte Einheitenläger treten in folgenden zwei Erscheinungsformen auf:

▶ Hochregalläger mit automatischen Regalbediengeräten
▶ Flachläger mit Staplerbedienung

Vorteile eines getrennten Einheitenlagers:

▶ Reduktion der Kommissionierfront
▶ Höhere Flexibilität in Bezug auf Leistungs- und Kapazitätserweiterungen
▶ Trennung von vollautomatischen und manuellen Bereichen (→ Personenschutz)

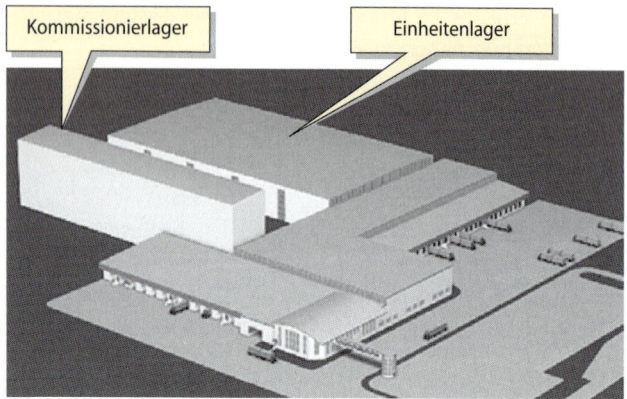

Kommissionierlager

Einheitenlager

Bild 14: *Beispiel eines Lagerlogistiksystems mit getrenntem Einheitenlager und Kommissionierlager*

4.1.3 Integriertes Einheitenlager

Beim integrierten Einheitenlager sind sowohl die Reservebestände als auch die Kommissionierbestände in demselben Lagerbereich angeordnet. Grundsätzlich gibt es zwei
Möglichkeiten zur Gestaltung der integrierten Einheitenläger:

Vertikale Integration

Bei diesen Lägern werden in der Regel die Reserveeinheiten in den oberen Regalebenen untergebracht, während die
Kommissioniereinheiten, aufgrund der langsamen Stapler-
bewegung in vertikaler Richtung, in den unteren zwei bis
drei Ebenen gelagert sind. Der Nachschub für die Kommissioniereinheiten kann bei tiefen **Durchsätzen** im selben Gang
erfolgen.

Bei höheren Durchsätzen hingegen sollte man aufgrund der gegenseitigen Behinderung im Regalgang getrennte Nachschub- und Kommissioniergänge vorsehen.

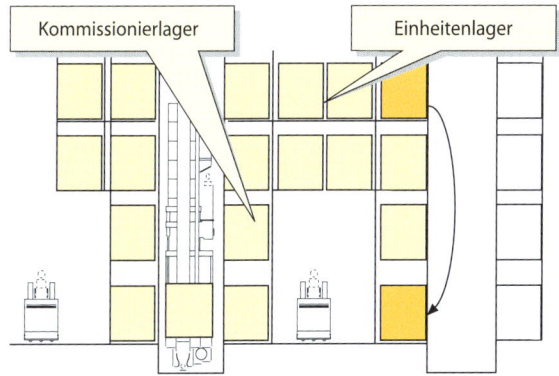

Bild 15: *Schnitt durch ein Einheitenlager mit vertikaler Integration*

Horizontale Integration

Die Kommissionierbestände und die Reservebestände werden abwechslungsweise in Regalzeilen untergebracht. Falls die Dimensionen der Kommissionierlagerplätze nicht mit den Dimensionen der Reservelagerplätze identisch sind, kommt es bei der Nachschubbewegung zum unerwünschten Gangwechsel oder Weiterreichen der Nachschubpalette. Dies reduziert die Leistung der Nachschubsysteme erheblich.

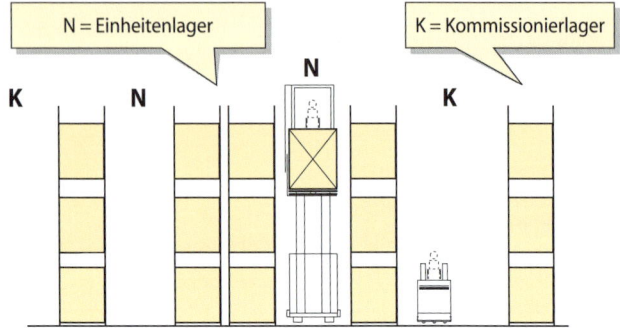

Bild 16: *Schnitt durch ein Einheitenlager mit horizontaler Integration*

  Folgende Umstände können darauf hindeuten, dass eine Integration sinnvoll ist:

- Der Nachschub aus dem Einheitenlager in das Kommissionierlager erfolgt in Teilmengen der Lagereinheiten.
- Der mittlere Bestand pro Artikel ist kleiner als zwei Lagereinheiten.
- Leistungsanforderung < 50 Lagereinheiten/Stunde.
- Geringe Anzahl von Artikeln.

Integrierte Einheitenläger treten im Allgemeinen in folgenden zwei Erscheinungsformen auf:

▶ Hochregalläger mit bemannten Regalbediengeräten
▶ Flachläger mit Staplerbedienung

Vorteile eines integrierten Einheitenlagers:

▶ Kürzere Transportwege beim Nachschub zwischen Einheiten- und Kommissionierlager.

▶ Kürzere Transportwege innerhalb der Nachschubgänge, falls die Reserveeinheiten gegenüber den Kommissionierplätzen liegen.

4.2 Kommissionierlager

4.2.1 Nachschubsystem

Das Nachschubsystem ist primär ein **Transportsystem**, das dazu dient, die Artikel aus dem Wareneingang bzw. aus dem Einheitenlager in das Lagerungssystem der Kommissionierung zu fördern. Die hier betrachteten Systemalternativen lassen sich aus folgenden Parametern kombinieren:

Nachschubsystem			
kein Transport	ein-dimensional	zwei-dimensional	drei-dimensional
	manuell	mechanisiert	automatisch

Tab. 2: *Morphologisches Schema zum Nachschubsystem*

Unter der eindimensionalen Bewegung wird die Bewegung in x-Richtung verstanden (z. B. flurgebundene Stetigförderer). Bei einer zweidimensionalen Bewegung kommt die y-Richtung dazu (Regalbediengeräte). Bei der dreidimensionalen Bewegung kann auch in z-Richtung verfahren werden (z. B. Stapelkran). Der manuelle Transport wird vollständig vom Menschen ausgeführt. Beim mechanisierten Transport wird der Mensch lediglich für Steuerungsaufgaben benötigt. Beim automatischen Transport ist die Anwesenheit des Menschen nicht mehr erforderlich. Im folgenden Abschnitt werden die gängigsten Nachschubsysteme im Handel kurz dargestellt.

Nachschub per Hand

Der Nachschub erfolgt manuell, eventuell unter der Zuhilfenahme eines Handwagens oder eines mechanisierten Fortbewegungsmittels. Diese Form des Nachschubes wird heute im Bereich der **Langsamdreherartikel** verwendet, die in Lagerbehältern, Kartons oder als Einzelteile eingelagert werden. Als Vorteil dieses Verfahrens ist die Leistungsflexibilität zu nennen. Als Nachteil beschränkt sich die Einlagerhöhe auf ca. 2 m.

Nachschub mit einem Staplergerät

Diese Form des mechanisierten Nachschubes eignet sich vor allem für die Einlagerung von Paletten und Gitterboxen. Der Vorteil liegt ebenfalls in der Leistungsflexibilität des Systems aufgrund der gassenungebundenen Geräte. Die Einlagerhöhe beschränkt sich hingegen auf ca. 12 m.

Nachschub mit einem Regalbediengerät

Bei der Einlagerung mit einem Regalbediengerät ergeben sich zwei Möglichkeiten:

▶ Bemannte Regalbediengeräte
▶ Vollautomatische Regalbediengeräte

Bei der Einlagerung mit Regalbediengeräten können sowohl Paletten, Gitterboxen als auch Lagerbehälter und Kartons bis zu einer Höhe von ca. 40 m eingelagert werden. Als gewichtiger Nachteil ist hingegen die geringe Flexibilität der Leistung aufgrund der gassengebundenen Geräte zu sehen.

 Da es sich beim Transport im Nachschubsystem um uniforme Lagereinheiten handelt, sind in diesem Bereich die Voraussetzungen für eine hohe Automatisierung gegeben.

Nachschub mit einem Stetigförderer

Diese Form der Einlagerung erfolgt vollautomatisch, indem die Lagereinheit direkt am Lagerort ausgeschleust wird. Anwendung findet diese Systemalternative vor allem bei der Einlagerung von Lagerkästen und Kartons in Durchlaufkanäle.

4.2.2 Lagersystem

Das Lagersystem hat ausschließlich die Zeitüberbrückung zur Aufgabe. Da in diesem Bereich keine Manipulationsaufgaben anfallen, steht die optimale **Flächen- und Raumnutzung** im Vordergrund. Die wichtigsten Einschränkungen, die man bei der Einrichtung von Lagersystemen beachten sollte, sind zum einen der freie Zugriff auf den einzelnen Artikel und zum anderen die Berücksichtigung des First-in-first-out-Prinzips (= FIFO). Das unten stehende, morphologische Schema zeigt die wesentlichen Ausprägungen der Kommissionierlagersysteme, die im Handel eingesetzt werden:

Lagersystem				
Lager-einheit	Palette	Lager-behälter	Umkarton	Einzelteil
Regal	Statisch		Dynamisch	
	Hoch-regale	Flach-regale	Durch-laufregale	Umlauf-regale

Tab. 3: *Morphologisches Schema zum Lagersystem*

Bei **Schnelldreherartikeln** (A-Artikel) kommt im Allgemeinen die Eurostandardpalette zum Einsatz. Bei **Mitteldreherartikeln** (B-Artikel) wird der Artikel direkt mit dem Umkarton auf das Lagersystem gelegt. Bei **Langsamdreherartikeln** (C-Artikel) hat sich der Einsatz eines Behältersystems als wirtschaftlich erwiesen.

Vorteile der statischen Lagersysteme in der Kommissionierung:

▶ Tiefere Investitionen im Vergleich zu den dynamischen Lagersystemen
▶ Höherer Füllgrad der Lagerplätze (durchschnittlicher Füllgrad eines Kommissionierdurchlaufkanales beträgt nur 50 %)

Vorteile der dynamischen Lagersysteme in der Kommissionierung:

▶ Optimales Regal-Gang-Verhältnis
▶ Kompakte Kommissionierfront

4.2.3 Picksystem

Hauptfunktionen

Beim Picksystem lassen sich bezüglich der drei Hauptfunktionen folgende Ausprägungen unterscheiden:

Bewegungsvorgang

▶ Dynamische Picksysteme: „Ware zum Mann"
▶ Statische Picksysteme: „Mann zur Ware" mit
  • eindimensionaler Fortbewegung:
    Der Picker bewegt sich mit oder ohne Hilfsmittel in x-Richtung.

- zweidimensionaler Fortbewegung:
  Der Picker bewegt sich mit einem Hilfsmittel zusätzlich in y-Richtung.

Bei statischen Picksystemen bewegt sich der Picker zum Lagerplatz und entnimmt dort die entsprechende Menge des Artikels. Statische Picksysteme zeichnen sich durch folgende Eigenschaften aus:

▶ Höhere Flexibilität
▶ Tiefere Investitionen

 Falls die folgenden Bestimmungsfaktoren zutreffen, ist dem statischen Picksystem der Vorzug vor dem dynamischen Picksystem zu geben:
- Die Pickmenge pro Position ist klein im Verhältnis zur Größe der Lagereinheit.
- Artikel können von Hand gut manipuliert werden.
- Pickzeiten beim Lagerplatz sind klein (max. 120 Sek.).

Greifvorgang

▶ Manuelles Greifen
▶ Mechanisiertes Greifen
▶ Automatisches Greifen

Kommunikation

▶ Mit/ohne Belege

Der Einfluss der Regalanordnung bei eindimensionaler Fortbewegung wurde von Gudehus untersucht. Dabei zeigt sich, dass die Anordnung der Picklokationen in x- und z-Richtung bei einer Pickdichte (= Anzahl Auftragspositionen/Laufmeter) von > 0,2 Pos./m keinen dominanten Einfluss auf die Wegzeit mehr hat. Die Ursache ist darin zu suchen, dass bei einer hohen Anzahl zu pickender Positionen ohnehin die ganze Kommissionierfront abgelaufen werden muss.

 Um gegenseitige Behinderungen innerhalb des Regalgangs zu vermeiden, sollte das Regallayout aber trotzdem ein x–z-Verhältnis von ca. 2 : 3 aufweisen.

Sobald bei der zweidimensionalen Bewegung mehr als zwei Positionen angefahren werden müssen, muss im Gegensatz zur eindimensionalen Bewegung eine **Anfahrstrategie** festgelegt werden. Bei der Streifenstrategie werden n horizontale Streifen gebildet, die nacheinander abgefahren werden. Durch diese Aufteilung wird die Häufigkeit der durch den Hub bestimmten und damit zeitaufwendigeren vertikalen Wege gegenüber der Häufigkeit der durch die horizontale Bewegung bestimmten Wege reduziert. Die Berechnung der optimalen Anzahl an Streifen ist ein mathematisch komplexes Problem. Es gilt die Faustregel:

▶ Tiefe Pickdichte → wenige Streifen
▶ Hohe Pickdichte → mehrere Streifen (max. 6)

Die Verteilung der Artikel nach einer ABC-Struktur hat ebenfalls keinen nennenswerten Einfluss auf die Pickleistung.

Hauptzeiten

Entsprechend der Hauptfunktionen ergeben sich die folgenden Hauptzeiten:

▶ Wegzeit
▶ Greifzeit:
  • Hinlangen
  • Aufnehmen
  • Befördern
  • Ablegen
  • Rückbewegung
▶ Tot- und Basiszeiten:
  • Informationsaufnahme und Verarbeitung
  • Nebenzeiten (Positionieren, Identifikation usw.)

Zur Optimierung der Pickleistung stehen somit im Wesentlichen die folgenden Möglichkeiten offen:

▶ Optimierung der Wegzeit
  • Verkürzung der Wege zwischen den einzelnen Picklokationen
  • Beschleunigung der Bewegung
▶ Optimierung der Greifzeit
  • Hohe Anzahl Pickeinheiten pro Auftragsposition
  • Optimierung der Greifergonomie
  • Greifhilfen
▶ Optimierung der Tot- und Basiszeiten
  • Vermeidung von Papierhandlung und Wartezeiten

Die folgende Tabelle gibt eine Übersicht zur Verteilung der Hauptzeiten beim Picksystem „Mann zur Ware" bzw. „Ware zum Mann".

	Mann zur Ware	**Ware zum Mann**
Wegzeit	20–50 %	entfällt
Greifzeit	20–30 %	ca. 95 %
Basiszeit	5–25 %	max. 5 %

Tab. 4: *Vergleich der Hauptzeiten im Picksystem*

Für eine detaillierte Analyse der Einflussfaktoren auf die Pickleistung wird auf die Arbeit von Wichmann und Boories verwiesen. Zusammenfassend ergibt sich somit das folgende morphologische Schema für das Picksystem:

Picksystem			
Bewegung	Mann zur Ware	Mann zur Ware	Ware zum Mann
	ein-dimensional	zwei-dimensional	ein-dimensional
Greifvorgang	manuell	mechanisiert	automatisch
Kommunikation	mit Beleg	ohne Beleg	

Tab. 5: *Morphologisches Schema zum Picksystem*

4.2.4 Auftragszusammenstellungssystem

Die Systemgruppe der Auftragszusammenstellung dient dazu, die aus dem Lagersystem entnommenen Artikel zu Kundenaufträgen zusammenzuführen. Das Auftragszusammenstellungssystem ist maßgeblich für die Auftragsdurchlaufzeit verantwortlich. Folgende Grundfunktionen müssen durch das Auftragszusammenstellungssystem erfüllt werden:

▶ Organisatorische Vorbereitung
Diese Funktion ist der Systemgruppe Picksystem vorgelagert. Trotzdem muss eine strikte Trennung dieser beiden Systemgruppen beibehalten werden.

▶ Physische Artikelzusammenführung
Diese Funktion umfasst den Transport der Ware vom Subsystem Kommissionierlager in das Subsystem Packerei.

Das morphologische Schema zum Auftragszusammenstellungssystem kann wie folgt definiert werden:

Auftragszusammenstellungssystem		
Sammlung	seriell	parallel
Aufteilung	1 Person = 1 Auftrag	Weiterreichsystem
Abwicklung	auftragsorientiert	batchorientiert

Tab. 6: *Morphologisches Schema zum Auftragszusammenstellungssystem*

Grundsätzlich bieten sich folgende Organisationsformen zur Auftragszusammenstellung an:

▶ Serielle Auftragszusammenstellung
Die Teile eines Auftrages werden in den einzelnen Lagerzonen seriell eingesammelt. Die Auftragsbehälter werden von Lagerzone zu Lagerzone transportiert, was bei größeren Aufträgen zu erheblichen Durchlaufzeiten führen kann.

▶ Parallele Auftragszusammenstellung
Die Teile eines Auftrages werden in den einzelnen Lagerzonen parallel eingesammelt. Die Auftragsbehälter werden von den einzelnen Lagerzonen über ein Sortiersystem direkt zur Packerei transportiert. Durch die parallele Bearbeitung kann die Durchlaufzeit von großen Aufträgen erheblich reduziert werden. Folgende Subvarianten sind möglich:
• Auftragsorientiert
  Teilaufträge werden isoliert eingesammelt und zum Sortiersystem transportiert.
• Batchorientiert
  Teilaufträge werden in die einzelnen Positionen aufgelöst und zu zonenorientierten Batches zusammengestellt.

Serielle Auftragszusammenstellung

Bei der seriellen Auftragszusammenstellung können grundsätzlich folgende Formen unterschieden werden:

▶ Auftragszusammenstellung durch eine Person
▶ Auftragszusammenstellung durch ein Weiterreichsystem

Auftragszusammenstellung durch eine Person

Bei diesem Auftragszusammenstellungsverfahren, das wohl das einfachste aller Auftragszusammenstellungsverfahren darstellt, pickt eine Person den ganzen Auftrag alleine. Die **Vorteile** dieses Verfahrens lassen sich folgendermaßen beschreiben:

▶ Keine organisatorischen Vorbereitungen benötigt
▶ Keine Zusammenführung von Teilaufträgen notwendig
▶ Picken direkt in den Auftragskarton ohne Volumenkalkulation möglich

▶ Keine systemabhängigen Wartezeiten (z. B. Batch-Abschluss)

Als **Nachteile** sind vor allem die folgenden Merkmale zu nennen:

▶ Geringe Pickleistung pro Picker
▶ Picker muss zwischen allen Lagerzonen wechseln können
▶ Handling der Artikel muss in allen Lagerbereichen mit denselben Hilfsmitteln möglich sein
▶ Begrenzung der Anzahl Artikel/Picker durch max. Transportgewicht und -volumen pro Rundfahrt

Auftragszusammenstellung durch ein Weiterreichsystem

Für jeden Lagerbereich ist ein Picker zuständig. Sobald er alle Artikel für einen Auftrag in seinem Lagerbereich gepickt hat, gibt er den Auftragsbehälter zur weiteren Bearbeitung an den nächsten Lagerbereich weiter. Die **Vorteile** dieses Verfahrens lassen sich folgendermaßen beschreiben:

▶ Picken in verschiedenen Lagerbereichen möglich
▶ Keine organisatorischen Vorbereitungen notwendig
▶ Keine Zusammenführung von Teilaufträgen notwendig

Als **Nachteile** sind vor allem die folgenden Merkmale zu nennen:

▶ Geringe Pickleistung pro Picker
▶ Warteschlangen beim Übergang der einzelnen Lagerbereiche
▶ Wartezeiten des Personals
▶ Hohe Streuung der Auftragsdurchlaufzeiten durch gegenseitige Abhängigkeiten

4.2.5 Parallele Auftragszusammenstellung

Auftragsorientierte Auftragszusammenstellung

Bei dieser Form der Auftragszusammenstellung wird ein Auftrag in einzelne Auftragsteile zerlegt, die parallel in den einzelnen Lagerbereichen abgearbeitet werden. Hinter der Lagerzone werden sie dann auftragsweise in Staustrecken zwischengepuffert, bis das letzte Auftragsteil fertig bearbeitet ist. Nun wird der geschlossene Auftrag der Packerei zugeführt.

 Da das Kriterium der Aufteilung in einzelne Auftragsteile der Lagerbereich darstellt, kann eine erhebliche Schwankung der Größe der Auftragsteile auftreten. Diese Schwankungen führen zu Wartezeiten in den Staustrecken, da der größte und somit langsamste Teilauftrag die Durchlaufzeit des ganzen Auftrages bestimmt. Somit kann sich die totale Durchlaufzeit für einen Auftrag erheblich erhöhen.

Die Pickleistung in diesem System ist aber nicht höher als bei der seriellen Auftragszusammenstellung, da die Pickdichte dieselbe ist! Die Übergabe der Artikel an das Transportsystem zur Packerei kann auf folgende Arten erfolgen:

▶ Dezentrale Abgabe (außerhalb des Ganges im Lagerkopf)
▶ Zentrale Abgabe (auf Stetigförderer im Pickgang)

Bei der zentralen Abgabe werden die Basis- und eventuell Greifzeiten reduziert. Je nach Auftragsstruktur kann das zu einer Erhöhung der Durchsatzleistung führen.

Batchorientierte Auftragszusammenstellung

Die Aufträge werden bis auf die Stufe der Auftragspositionen zerlegt. Diese vereinzelten Auftragspositionen werden entsprechend der Lagerbereiche zu einem Batch zusammengefasst. Nun können sämtliche Zugriffe auf einen Artikel, die in diesem Batch benötigt werden, durch einmaliges Anfahren des Lagerplatzes entnommen werden. Somit kommt es zu einer enormen Erhöhung der Pickdichte und zu einer erheblichen Erhöhung der Durchsatzleistung des Systems. Diese Auftragspositionen werden einer Sortierstation zugeführt, die sie auf die einzelnen Aufträge verteilt. Innerhalb eines Batches ist das kleinste Sortierkriterium somit der Auftrag bzw. Teilauftrag. Der Nachteil der batchorientierten Auftragszusammenstellungssysteme liegt im Doppelhandling jeder Pickeinheit (einmal im Picksystem, einmal im Auftragszusammenstellungs- und Packsystem).

4.2.6 Kommissioniersysteme im Handel

Im folgenden Abschnitt werden die gängigsten Systeme im Handel kurz dargestellt.

Floor Picking

Das Floor Picking entspricht dem eindimensionalen Picksystem „Mann zur Ware" und stellt das älteste Picksystem dar. Folgende Ausprägungen dieses Systems sind in der Praxis vorhanden:

▶ Bewegung zu Fuß
▶ Mechanisierte Bewegung (z. B. durch Elektrofahrzeuge)

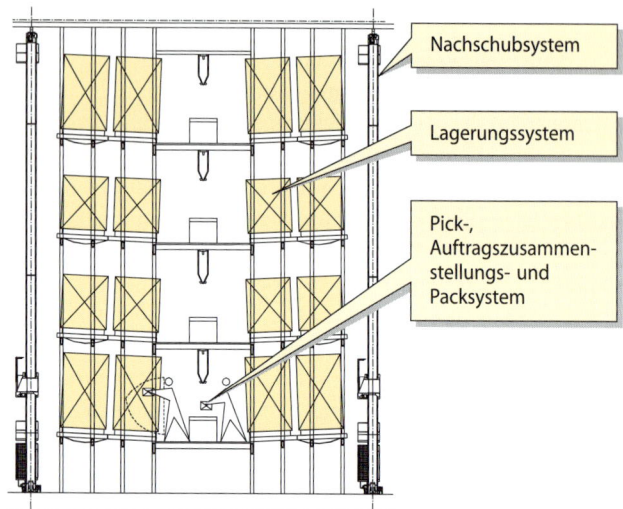

Nachschubsystem

Lagerungssystem

Pick-, Auftragszusammen-stellungs- und Packsystem

Bild 17: *Beispiel eines Floor Picking-Systems mit dezentraler Abgabe und Bewegung zu Fuß. Der Nachschub erfolgt mit einem vollautomatischen Regalbediengerät.*

Die Abgabe der kommissionierten Ware kann folgendermaßen durchgeführt werden:

▶ Dezentrale Abgabe:
Abgabe der Ware direkt am Ort der Entnahme (z. B. durch einen Stetigförderer)

▶ Zentrale Abgabe:
Sammlung der Ware auf einem Ladehilfsmittel und Abgabe an bestimmten Abgabestellen

Als Kriterium für die richtige Auswahl sollen die folgenden Merkmale gelten:

▶ Volumen und Gewichte der gepickten Ware
▶ Anschluss an das System der Auftragszusammenstellung

Die dominierende Bestimmungsgröße für die Pickleistung ist die **Pickdichte** (= Anzahl Auftragspositionen/Laufmeter). Es muss somit versucht werden, möglichst viele Pickeinheiten pro Regalmeter zusammenfassen zu können.

Man up Picking

Das Man up Picking entspricht dem Picksystem „Mann zur Ware" in der x- und y-Dimension. Folgende Ausprägungen dieses Systems sind in der Praxis vorhanden:

▶ Gangungebundener Kommissionierstapler
▶ Ganggebundenes, bemanntes Regalbediengerät

Durch die Nutzung der zweiten Dimension ergeben sich folgende **Vorteile** gegenüber dem eindimensionalen Floor Picking:

▶ Reduktion der Wege zwischen den einzelnen Picklokationen
▶ Optimale Ergonomie durch Anfahren der Picklokation in y-Richtung

Die Abgabe der kommissionierten Ware kann folgendermaßen durchgeführt werden:

▶ Dezentrale Abgabe:
  Abgabe der Ware direkt am Ort der Entnahme (z. B. Stetigförderer in y- und x-Richtung)
▶ Zentrale Abgabe:
  Sammlung der Ware auf einem Ladehilfsmittel und Abgabe an bestimmten Abgabestellen

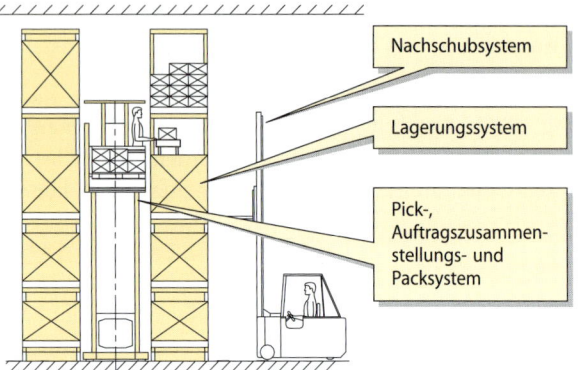

Bild 18: *Beispiel eines Man up-Systems mit zentraler Abgabe und zweidimensionaler Bewegung. Der Nachschub erfolgt mit einem Staplergerät.*

Goods to Man Picking

Bei dynamischen Kommissioniersystemen bewegt sich die Lagereinheit an einen ortsfesten Kommissionierplatz. Dort wird die ganze Lagereinheit oder eine Teilmenge der Lagereinheit entnommen. Falls nur eine Teilmenge der Lagereinheit entnommen wird, muss die Restmenge wieder zurückgelagert werden. Die wesentlichen Merkmale von dynamischen Kommissioniersystemen können folgendermaßen zusammengefasst werden:

▶ Hohe Investitionen in Betriebseinrichtungen
▶ Tiefe Personalkosten
▶ Optimale Flächen- und Raumnutzung

Der optimale Einsatzbereich für solche Systeme kann wie folgt beschrieben werden:

- Tiefe Entnahmefrequenz
- Große Menge pro Entnahme (Optimum: ganze Lagereinheit)
- Artikel mit ungünstigem Handling (große Gewichte, Dimensionen)
- Mischsysteme aus Einheiten- und Kommissionierlager

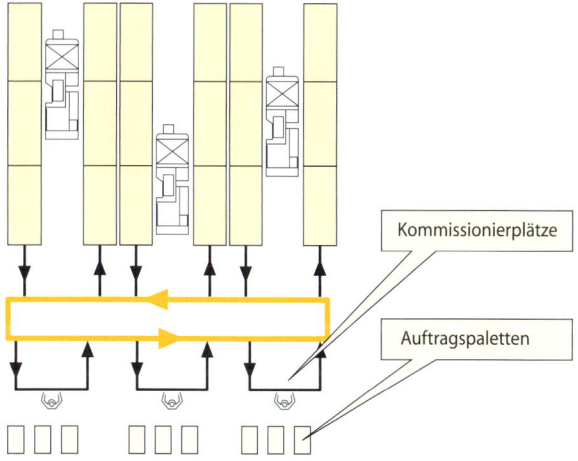

Kommissionierplätze

Auftragspaletten

Bild 19: *Grundriss eines Goods to Man-Kommissioniersystems*

Da es sich bei solchen Systemen um den Transport von uniformen Lagereinheiten handelt, sind in diesem Bereich die Voraussetzungen für eine hohe Automatisierung gegeben.

Automatic Picking

Die Funktion des Greifens stellt auch heute noch in den allermeisten Fällen einen manuellen Vorgang dar und ist somit **personalintensiv.** Für den verhältnismäßig geringen Technologieeinsatz beim Picken von Stückgut von einer Palette sind die folgenden Gründe maßgebend:

▶ Varianz der Artikelabmessungen
▶ Varianz der Artikelgewichte
▶ Varianz der Beschaffenheit der Artikeloberfläche

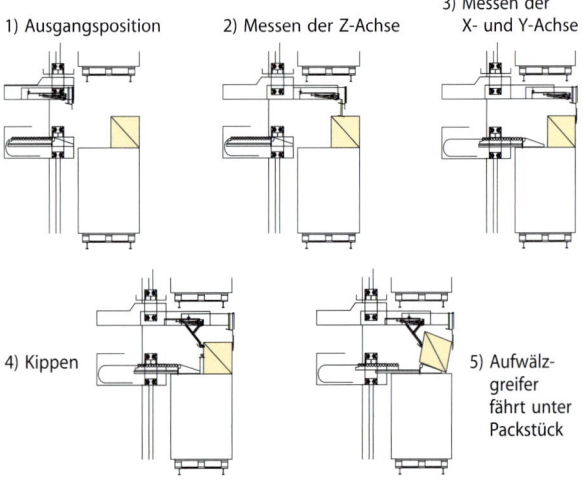

Bild 20: *Beispiel eines automatischen Pickroboters*

Da der Einsatz solcher Systeme in der Praxis heute noch von untergeordneter Bedeutung ist, werden diese Systeme im weiteren Verlauf dieser Arbeit nicht weiter berücksichtigt.

5 Die Planungskriterien in der Lagerlogistikgrobplanung

Wenn ein Problem erkannt wurde, müssen Informationen, so genannte Planungskriterien, gesammelt werden, mit denen eine Lösung für das Problem gefunden werden kann. Um die relevanten Kriterien für die Grobplanung zu identifizieren, müssen die Marktanforderungen, die an das Lagerlogistiksystem gestellt werden, bekannt sein.

5.1 Die Marktanforderungen an das Lagerlogistiksystem

Die Marktanforderungen an Lagerlogistiksysteme lassen sich im Wesentlichen in zwei Klassen unterteilen:

▶ Allgemeine, projektunabhängige Marktanforderungen
Die projektunabhängigen Marktanforderungen haben eher qualitativen Charakter. Diese Marktanforderungen unterscheiden sich von Branche zu Branche nur gering, und bei Projekten innerhalb derselben Branche sind diese Anforderungen dann sogar identisch. In diesem Kapitel werden diese Anforderungen aufgelistet und beschrieben.

▶ Projektspezifische Marktanforderungen
Die projektspezifischen Marktanforderungen haben im Gegensatz zu den projektunabhängigen Marktanforderungen eher quantitativen Charakter. Diese Größen werden teilweise im Rahmen der Strategieplanung und hauptsächlich in der Phase der Situationsanalyse der Lagerlogistikplanung zusammen mit dem Kunden festgelegt.

Wie schon zu Beginn diskutiert, haben sich die Anforderungen an die Lagersysteme in den letzten Jahren deutlich verändert:

▶ Minimierte Lagerkapazität
▶ Hohe Umschlagleistung
▶ Kundenorientierte Kommissionierleistung
▶ Übernahme von Sekundäraufgaben
▶ Hohe Verfügbarkeit und Zuverlässigkeit
▶ Integrierter Bestandteil des Logistiksystems

Die Lagerlogistiksysteme im Handel sind zusätzlich den folgenden Veränderungen der Anforderungen unterworfen:

▶ Kürzer werdende Nachschubzeiten zwischen Distributionszentren und Filialen
▶ Kleiner werdende Nachschubmengen zwischen Distributionszentren und Filialen
▶ Kontinuierliche Ausweitung der Sortimente
▶ Reduzierung der Bestände in den Filialen

Basierend auf diesen qualitativ formulierten Randbedingungen können die folgenden projektunabhängigen Marktanforderungen an die Lagerlogistiksysteme im Handel formuliert werden:

▶ Leistungsflexibilität
Ausgeprägtes Saisonverhalten und enorme Tagesspitzen erfordern ein großes Maß an Flexibilität des Lagersystems in Bezug auf die Leistung. D. h. es muss möglich sein, die Lagerleistung an den aktuellen Leistungsbedarf anpassen zu können.

▶ Kürzere Auftragsdurchlaufzeit
Durch die reduzierten Bestände in den Filialen werden pro Artikel weniger Auftragspositionen bestellt. Somit werden die Nachschubzeiten zu den Filialen kürzer.

▶ Strukturflexibilität
Die sich ständig verändernden Sortimente erfordern ein hohes Maß an Anpassungsfähigkeit der Lager- und Kommissioniersysteme (Veränderungen der ABC-Strukturen, Artikeleigenschaften oder Ladehilfsmittel). Auch der möglicherweise anderweitigen Nutzung der Gebäude wird immer mehr Bedeutung zugewiesen.

▶ Kommissioniermethoden mit einer effizienten Fortbewegung des Pickers
Durch das steigende Artikelsortiment wird die Anzahl an Bereitstellungsplätzen erhöht, wodurch die Kommissionierfront vergrößert wird.

▶ Effiziente Nachschubmethoden in das Kommissionierlager
Aufgrund des steigenden Artikelsortiments muss zur Reduktion der Kommissionierfront die Bereitstellungsmenge verringert werden.

▶ Anlieferung der Waren in den Filialen muss nach Rayongruppen erfolgen
Um ein effizientes Befüllen der Regale in den Filialen zu ermöglichen, müssen die Waren, in Rayongruppen zusammengefasst, in den Filialen angeliefert werden.

▶ Dienstleistungsfunktionen
Qualitätskontrolle und Warenauszeichnung sollten aus Effizienzgründen direkt in den Distributionszentren erfolgen.

5.2 Die Planungskriterien

Die optimale Auswahl der Planungskriterien in Bezug auf Art und Menge der Informationen ist eine der wichtigsten Voraussetzungen für eine erfolgreiche Grobplanung des Lagerlogistiksystems. Die notwendigen Planungskriterien lassen sich in folgende Kategorien einteilen:

5.2.1 Zielkriterien

Die Planungsvorgaben aus der Strategieplanung müssen im Rahmen der Situationsanalyse detailliert und in der Phase der Zielformulierung als Zielkriterien in das Anforderungsprofil für das Lagerlogistiksystem umgesetzt werden.

5.2.2 Designkriterien

Aufgrund der Designkriterien werden die Leistungsprofile der einzelnen Lösungsalternativen im Rahmen der Lösungssynthese definiert.

5.2.3 Bewertungskriterien

Mit Hilfe der Bewertungskriterien werden die Leistungsprofile der einzelnen Lösungsalternativen mit dem Anforderungsprofil verglichen und bewertet. Basierend auf diesen Ergebnissen erfolgt dann die Auswahl der bevorzugten Lösungsalternative.

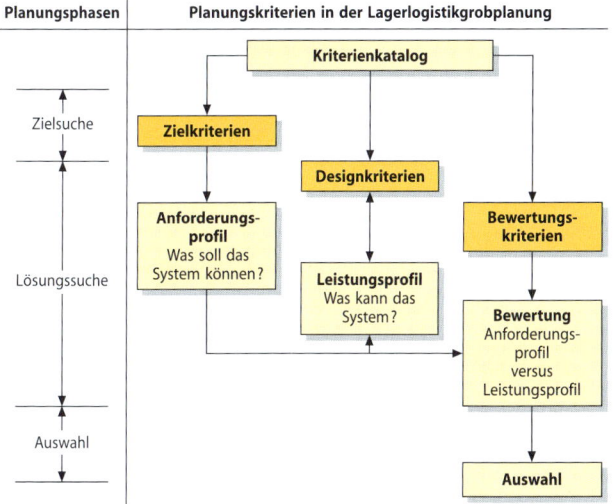

Bild 21: *Planungsinformationen in der Lagerlogistikgrobplanung*

 In der Fachliteratur werden als **Planungskriterien** oft ganze Listen von Informationen aufgeführt. Diese Informationsanhäufung bringt folgende **Probleme** mit sich:

- Die dominierenden Informationen für die Grobplanung sind nicht ersichtlich.
- Es existieren gegenseitige Abhängigkeiten der Kriterien, die bei einer zu großen Menge von Planungsinformationen zu logischen Fehlern in der Datenbasis führen können.

Nur Planungskriterien, welche die unten stehenden Anforderungen erfüllen, können in den Planungskriterienkatalog aufgenommen werden:

► Redundanzfreiheit:
Häufig sind die formulierten Kriterien an sich redundant, da sie aus anderen Kriterien berechnet oder abgeleitet werden konnten.

► Validität/Präzision:
Die Kriterien sollten eine möglichst realitätsnahe Beschreibung eines Leistungsmerkmales zulassen.

► Sensitivität:
Unterschiede in den Lagerlogistiksystemen sollten auch in den Kriterien zum Ausdruck kommen.

► Verständlichkeit:
Die Kriterien müssen verständlich sein, und die Interpretation durch den Anwender darf keine Missverständnisse verursachen.

► Messbarkeit/-aufwand:
Der Aufwand für die Erfassung der Kriterien sollte möglichst minimal sein.

5.3 Die Planungskriterien in Abhängigkeit der Planungsphase

5.3.1 Zielsuche durch Zielkriterien

In der Phase der Zielsuche wird das Anforderungsprofil des Lagerlogistiksystems definiert. Es müssen somit alle quantitativen und qualitativen Anforderungen, die an das System gestellt werden, durch die entsprechenden Zielkriterien beschrieben sein.

5.3.2 Lösungssuche durch Designkriterien

In der Lösungssuche werden für die einzelnen Subsysteme des Lagerlogistiksystems Lösungsalternativen erarbeitet und zu verschiedenen Alternativen für das Lagerlogistiksystem kombiniert. Aus planungstechnischen Gründen ist es unmöglich, bei der Generierung von Lösungsalternativen sämtliche Kriterien des Kriterienkataloges zu berücksichtigen. Die Designkriterien zur Erarbeitung der Lösungsalternativen und deren Leistungsprofile beschränken sich auf die quantitativen Planungskriterien. Wirtschaftlichkeitskriterien und qualitative Planungskriterien werden erst in der Phase der Alternativauswahl berücksichtigt.

5.3.3 Auswahl durch Bewertungskriterien

In der Phase der Auswahl werden die einzelnen Leistungsprofile der Lösungsalternativen mit dem Anforderungsprofil verglichen. Da die quantitativen Planungskriterien bei allen Lösungsalternativen identisch sind, genügt es, bei der Auswahl der Vorzugsvarianten nur noch die qualitativen Planungskriterien und Wirtschaftlichkeitskriterien zu verwenden.

 Im Sinne der Vorgehensweise „vom Groben zum Detail" sollen für die einzelnen Planungsphasen nur so viele Daten wie nötig und nicht wie möglich verwendet werden.

Das folgende Bild vermittelt eine Übersicht vom Detaillierungsgrad der Planungsinformationen in Abhängigkeit von der Planungsphase.

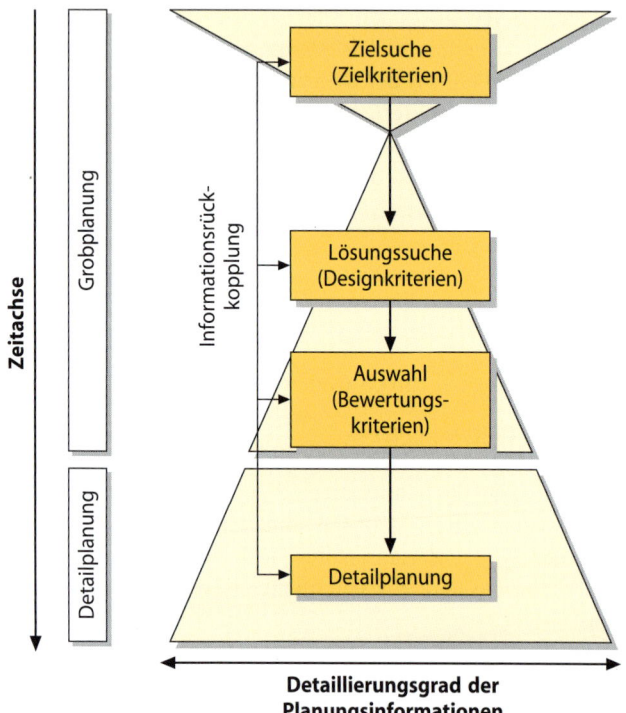

Bild 22: *Detaillierungsgrad der Planungsinformationen in Abhängigkeit der Planungsphasen*

5.4 Der Planungskriterienkatalog

Quantitativ		Zielsuche (Zielkriterien)	Lösungssuche (Designkriterien)	Auswahl (Bewertungskriterien)
Artikeldaten	Anzahl Artikel	x		
	Anzahl LE/Artikel	x	x	
	Anzahl PE/LE	x	x	
	Gewicht/LE	x	x	
	Abmessungen/LE	x	x	
Auftragsdaten	Anzahl AP/Auftrag	x	x	
	Anzahl PE/AP	x	x	
Leistungsdaten	Aufträge/ZE	x	x	
Restriktionen	Grundstück	x	x	
	Bauhöhe	x	x	
	Verkehrsanschlüsse	x	x	
	Ladehilfsmittelart	x	x	
	Lagerbedingungen	x	x	
	Organisation	x	x	

Wirtschaftlichkeit	Investitionen		X
	Betriebskosten		X
Qualitativ			
Ablaufeigenschaften	Leistungsflexibilität	X	X
	Auftragsdurchlaufzeit	X	X
	Zugriffszeit	X	X
	Lieferqualität	X	X
	Verfügbarkeit	X	X
	Auslastbarkeit	X	X
Aufbaueigenschaften	Strukturflexibilität	X	X
	Ausbaufähigkeit	X	X
	Arbeitsplatzgestaltung	X	X
Funktionseigensch.	Funktionssicherheit	X	X
	Automatisierungsgrad	X	X
	Organisationsgrad	X	X
	Personalintensität	X	X
	Mehrschichtbetrieb	X	X

Tab. 7: *Der Kriterienkatalog für die Grobplanung der Lagerlogistik*

5.4.1 Beschreibung der Planungskriterien und deren Verwendung

▶ Anzahl Artikel

Mit der Anzahl der unterschiedlichen Artikel wird die Sortimentsvielfalt, also die Anzahl der für den Kunden bestellbaren unterschiedlichen Produkte, erfasst.

▶ Anzahl Lagereinheiten pro Artikel (= LE/Artikel)

Zusammen mit den Abmessungen/LE bestimmt diese Größe den Volumenbestand im Lager pro Artikel.

▶ Anzahl Pickeinheiten pro Lagereinheit (= PE/LE)

Gibt an, wie oft man von einer LE eine PE picken kann, bis der Lagerplatz leer ist und eine Nachschubbewegung erfolgen muss.

▶ Gewicht pro Lagereinheit (= Gewicht/LE)

Das Gewicht pro LE wird zur Auslegung des Regalsystems benötigt. Des Weiteren wird die Größe zur Berücksichtigung der maximal zulässigen Belastungswerte pro Kommissionierpersonal benötigt.

▶ Abmessungen pro Lagereinheit (= Abmessungen/LE)

▶ Anzahl Auftragspositionen pro Auftrag (= Anzahl AP/Auftrag)

Die Anzahl der verschiedenen AP bzw. Positionen eines Auftrages wird mit dieser Größe erfasst. Die AP ist eine Zeile der Kommissionierliste bzw. -datei, die alle für den Kommissioniervorgang eines Artikels notwendigen Informationen (z. B. Entnahmemenge, Entnahmeort usw.) enthält.

▶ Anzahl Pickeinheiten pro Auftragsposition (= Anzahl PE/AP)

Die PE ist die durch einen Zugriff entnommene Menge des zu kommissionierenden Artikels.

► Aufträge pro Zeiteinheit (= Aufträge/ZE)

Die Anzahl der in einer Zeiteinheit ZE zu bearbeitenden Aufträge ist ein Maß für die Leistungsfähigkeit eines Kommissioniersystems. Der Auftrag enthält Grundinformationen, die zur Durchführung des Kommissioniervorganges benötigt werden. Der Auftrag muss mindestens die Informationen zur Artikelidentifikation und zur Bestellmenge enthalten.

► Grundstück und Bauhöhe

Falls das zukünftige Grundstück in der Nähe von Wohngebieten liegt, bestehen häufig Restriktionen bezüglich der Bauhöhen von Hochregalsystemen.

► Verkehrsanschlüsse

Direkte Verkehrsanschlüsse an das Bahnsystem oder Flughäfen werden je länger, je wichtiger. Die Zufahrtsvorschriften auf das Betriebsgelände (z. B. Nachtfahrverbot) als auch die Nähe zu Hauptverkehrsadern wie Autobahnen müssen berücksichtigt werden.

► Ladehilfsmittelart

Häufig werden auch die Ladehilfsmittel wie z. B. Europaletten, Chep-Paletten oder bestimmte Behältersysteme vom Kunden vorgegeben. Bei Pharmabetrieben kann es auch sein, dass vorgegebene Inhouse-Ladehilfsmittel verwendet werden müssen.

► Lagerbedingungen

Bestimmte Artikel erfordern unter Umständen verschiedene Lagerbedingungen wie z. B. Lagerklima, Diebstahlschutz oder spezielle Brandschutzvorkehrungen (z. B. Auffangbecken für Löschwasser, Sprinklereinrichtungen im Regalsystem für Brandfälle usw.).

► Organisation

Dieses Kriterium kann diverse Restriktionen umfassen. Organisatorische Randbedingungen wie z. B. Maximum der Anzahl an Arbeitsstunden oder eine Quotenregelung für die Belegschaft sind nur wenige Beispiele für solche Restriktionen.

▶ Investitionen

Um einen fairen Vergleich von verschiedenen Lösungsalternativen zu ermöglichen, müssen bei der Berechnung der Investitionen alle der folgenden Kostenblöcke in die Betrachtung einfließen:

- Landkosten und dessen Erschließungskosten
- Gebäudekosten
- Lager- und Transportsysteme
- Informatiksysteme

▶ Betriebskosten

Um ein realistisches Bild der Betriebskosten zu erhalten, müssen die folgenden Kostengrößen bei der Berechnung der Betriebskosten berücksichtigt werden:

- Personalkosten
- Unterhalts- und Energiekosten
- Abschreibungen
- Kapitalverzinsung

▶ Leistungsflexibilität

Ausgeprägtes Saisonverhalten und enorme Tagesspitzen erfordern ein großes Maß an Flexibilität des Lagersystems in Bezug auf die Leistung. D. h. es muss möglich sein, die Lagerleistung in einer zu bestimmenden Bandbreite an den aktuellen Leistungsbedarf anpassen zu können.

▶ Auftragsdurchlaufzeit

Mit der Auftragsdurchlaufzeit ist diejenige Zeit in Stunden gemeint, die für die Bearbeitung eines Auftrags benötigt wird. Gemessen wird die Zeit, die vom Zeitpunkt des Auftragseinganges bis zur Bereitstellung für die Auslieferung vergeht.

▶ Zugriffszeit

Die Zugriffszeit beschreibt die maximal notwendige Zeit, um auf einen Artikel zugreifen zu können. Diese Größe kann bei der Bearbeitung von Expressaufträgen von immenser Bedeutung sein.

▶ Lieferqualität

▶ Verfügbarkeit

Die Verfügbarkeit gibt an, in welchem Grad das System für seine Funktion zur Verfügung steht. Die Verfügbarkeit ist also eine systemimmanente Größe.

▶ Auslastbarkeit

Die Auslastbarkeit gibt an, bei welcher Auslastung das Subsystem mit den vor- und nachgelagerten Subsystemen noch funktioniert. Die Auslastbarkeit ist also keine systemimmanente Größe.

▶ Strukturflexibilität

Die Produktverkaufszyklen werden im Allgemeinen immer kürzer. Somit wird auch das Artikelsortiment immer öfters ausgetauscht. Durch diese Veränderungen können sich z. B. ABC-Strukturen im Artikelsortiment verschieben, veränderte Artikeldimensionen und Gewichte können zu neuen Anforderungen an die Ladehilfsmittel führen usw. D. h. das Lagerlogistiksystem muss in der Lage sein, auch Veränderungen im Artikelsortiment zu bewältigen.

▶ Ausbaufähigkeit

Die Ausbaufähigkeit gibt an, ob und mit welchem Aufwand das System erweitert werden kann.

▶ Arbeitsplatzgestaltung

Die Gestaltung des Arbeitsplatzes nimmt je länger, desto mehr an Bedeutung zu. Besonders in Ländern mit starken Arbeitnehmervertretungen (z. B. Deutschland, Austra-

lien) müssen Ergonomie, Lichtstärken, maximale Arbeits-
gewichte usw. besonders berücksichtigt werden.

▶ Funktionssicherheit

Die Funktionssicherheit, auch Ausfallsicherheit genannt,
ist vor allem bei automatisierten Systemen von Bedeutung. Zur Erhöhung der Funktionssicherheit werden kritische Systemelemente häufig redundant ausgelegt.

▶ Automatisierungsgrad

▶ Organisationsgrad

Der Organisationsgrad gibt an, wie streng Entscheidungs-
prozesse im System organisiert werden. Beispielsweise
kann die Festlegung des Kommissionierweges bei der
Kommissioniermethode „Mann zur Ware" selbstständig
durch den Kommissionierer (= geringer Organisationsgrad) oder durch ein Kommissioniersystem (= hoher Organisationsgrad) erfolgen.

▶ Personalintensität

Die Personalintensität gibt den Personalaufwand an, der
notwendig ist, um das System funktionsfähig zu halten.
Je nach Firmenpolitik kann es z. B. sein, dass personalar-
me Systeme aufgrund der Unabhängigkeit von Arbeitnehmervertretungen bevorzugt werden.

▶ Mehrschichtbetrieb

Die Möglichkeit, in einem späteren Stadium auf einen
Mehrschichtbetrieb umstellen zu können, kann bei
wachstumsorientierten Unternehmen von großem Vorteil
sein.

6 Der Planungsprozess in der Lagerlogistikgrobplanung

Die Experten sind sich einig, dass der Planungsprozess in der Lagerlogistik in Phasen ablaufen muss. Dabei stehen für die Phase der Grobplanung die folgenden Anforderungen im Vordergrund:

▸ Vorgehensweise „vom Groben zum Detail"
▸ Integrierter Planungsansatz
▸ Planungsvorgehen „von innen nach außen"
▸ Kontinuierliche Planung

Diese Anforderungen an das Planungsmodell werden durch die Methodik des Systems Engineering unmittelbar unterstützt.

6.1 Situationsanalyse

Das Ziel der Situationsanalyse besteht im Wesentlichen darin, sich mit der Ausgangssituation und der Aufgabenstellung vertraut zu machen (**Lagebeurteilung**). Als Ergebnis der Situationsanalyse liegen sowohl qualitative als auch quantitative Informationen vor, die ein verbessertes Problemverständnis ermöglichen.

6.2 Zielformulierung

In der Projektvorphase bauen die Vorstellungen und Erwartungen, was mit dem neuen Projekt erreicht werden soll, häufig auf einer unsicheren Informationsbasis auf. Somit ist zu diesem Zeitpunkt auch eine realistische Zielformulierung nur bedingt möglich. Die Ergebnisse der Situationsanalyse sollen nun als Informationsquelle für die Konkretisierung der Zielvorstellungen dienen. Durch die Unterteilung in **Muss-, Soll- und Wunschziele** werden die einzelnen Ziele mit Prioritäten versehen. Muss-Ziele sind zwingend vorgeschriebene Ziele. Soll- und Wunschziele bilden dann in erster Linie den Ansatzpunkt zur Bewertung der einzelnen Lösungsalternativen.

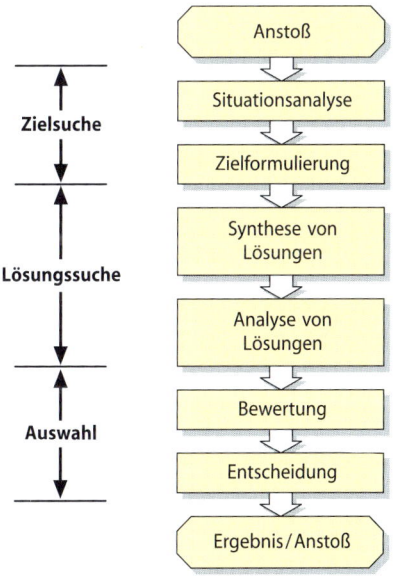

Bild 23: *Der Planungsprozess in der Lagerlogistikplanung in Anlehnung an das SE-Modell*

6.3 Synthese von Lösungen

Aufbauend auf den Ergebnissen der Situationsanalyse und Zielformulierung werden nun Lösungsvarianten erarbeitet. Diese Phase des Planungsprozesses stellt somit die eigentlich kreative Phase dar. Der Detaillierungsgrad der einzelnen Lösungsvarianten muss genügen, um die Lösungsvarianten miteinander vergleichen zu können.

6.4 Analyse von Lösungen

Im Gegensatz zur konstruktiven Phase der Lösungssynthese handelt es sich bei der Analyse um einen „destruktiven" kritischen Schritt. Es muss geprüft werden, ob die einzelnen Lösungsalternativen den gestellten Anforderungen gerecht werden oder ob einige Lösungsvarianten schon vorzeitig als untauglich ausgeschieden werden können. Das kritische Hinterfragen der einzelnen Lösungsvarianten kann auch gleichzeitig als Anstoß zur gezielten Verbesserung von einzelnen Lösungsvarianten dienen. Grundsätzlich schafft die Analyse die Grundlage für die anschließende Bewertung, von der sie gedanklich aber deutlich zu trennen ist.

6.5 Bewertung und Auswahl

Im Rahmen der Bewertung werden die tauglichen Lösungsvarianten (Muss-Ziele erfüllt) einander systematisch gegenübergestellt. Die bei der Bewertung der einzelnen Lösungsalternativen verwendeten Bewertungskriterien sollten im Idealfall mit den formulierten Zielen im Zielkatalog übereinstimmen.

Die Schwierigkeit besteht im Allgemeinen darin, eine Zielfunktion zu definieren, mit der die qualitativen und die quantitativen Bewertungskriterien der unterschiedlichen Lösungsvarianten einheitlich verglichen werden können.

Durch die Auswahl wird die weiterzubearbeitende Lösungsalternative festgelegt.

7 Situationsanalyse

7.1 Einleitung

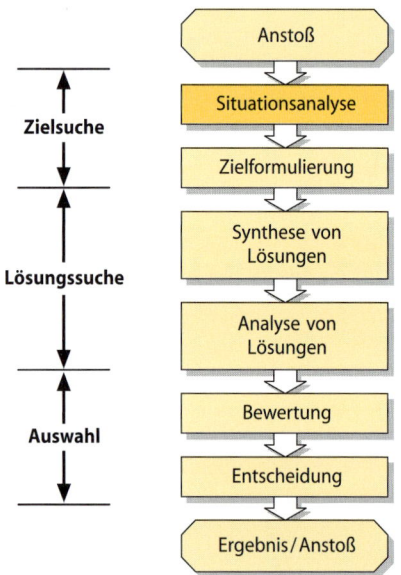

Bild 24: *Die Situationsanalyse im Problemlösungszyklus*

Aufgrund der Komplexität der Fragestellungen in der Phase der Strategieplanung wird die Beschreibung der Anforderungen an das Lagerlogistiksystem in dieser Phase häufig auf ein Minimum reduziert. Die Erfahrung zeigt, dass im Rahmen der Strategieplanung oft nur die folgenden **Zielinformationen** vorgegeben werden:

▶ Anzahl an gelagerten Artikeln
▶ Durchsatz in m³ pro Zeiteinheit
▶ Anzahl an Kundenaufträgen pro Zeiteinheit
▶ Lagerreichweite in Zeiteinheiten

Für die Grobplanung der Lagerlogistik reichen diese Angaben aber nicht aus. Im Rahmen der Situationsanalyse müssen die Informationen aus der Strategieplanung nun in Abhängigkeit der Bedürfnisse der Grobplanung detailliert werden.

7.2 Methoden zur Informationsbeschaffung

Die Einteilung der Informationsbeschaffungsmethoden erfolgt zweckmäßig aufgrund des Zeitpunktes der Informationsbeschaffung. Somit lassen sich die Methoden wie folgt einteilen:

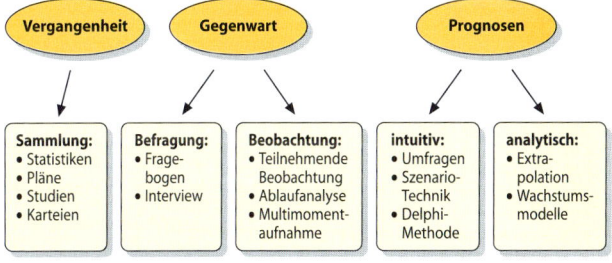

Bild 25: *Methoden der Informationsbeschaffung*

Für die Grobplanung der Lagerlogistik haben sich die folgenden Methoden bewährt.

▶ Befragungstechniken der Gegenwartsmethoden
Aufgrund der in diesem Stadium noch unscharfen Zielvorstellungen ist der frühzeitige Kundenkontakt unerlässlich. Des Weiteren ist bei Verwendung von standardisierten Unterlagen der Aufwand zur Aufbereitung der Informationen und somit auch die Durchlaufzeit am geringsten.

▶ Informationssammlungstechniken der Vergangenheitsmethoden
Der Zielkonflikt zwischen Aufwand zur Informationsbeschaffung und Qualität der Informationen kann bei der Analyse von vergangenheitsbezogenen Datenbeständen und Statistiken am besten gelöst werden.

7.2.1 Gegenwartsmethoden zur Informationsbeschaffung

Fragebogen

In der Lagerlogistikplanung hat sich der standardisierte modulare Fragebogen bewährt. Aufgrund der unterschiedlichen Bedürfnisse in Bezug auf den Detaillierungsgrad der Informationen in der Grobplanung bzw. Detailplanung werden die Fragen in die folgenden zwei Kategorien unterteilt:

Kategorie 1	Einstiegsfragen	→ Grobplanungen
Kategorie 2	Vertiefungsfragen	→ Detailplanungen

Zielsetzungen der Einstiegsfragen

▶ Arbeitsunterlage für Akquisition
▶ Grundlage für Projektbeurteilung
▶ Planungsgrundlage für Grobplanung
▶ Planungsgrundlage für Richtpreisangebot

Zielsetzungen der Vertiefungsfragen

▶ Planungsgrundlage für Detailplanung
▶ Planungsgrundlage für Festpreisangebot

Im Rahmen der Grobplanung müssen somit nur die Einstiegsfragen durch den Kunden beantwortet werden. Wenn immer möglich, sollte man den Fragebogen im Vorfeld mit dem Kunden besprechen.

Vorteile des Fragebogens

▶ Standardisierung bei der Erfassung der Problemsituationen
▶ Geringer Aufwand für den Planer

Nachteile des Fragebogens

▶ Durch die geringe Unterstützung des Planers können die geforderten Datentypen durch den Kunden falsch interpretiert werden.
▶ Der Planer ist nur in beschränktem Maße in der Lage, dem Kunden die Notwendigkeit der zu erhebenden Informationen darzulegen. Dies kann zu fehlender Motivation auf der Kundenseite und somit zu mangelhaft ausgefüllten Fragebögen führen.

Interview

Die einzelnen Interviewformen lassen sich in folgende Kategorien unterteilen:

▶ Gespräch
▶ Workshop
▶ Standardisiertes Interview mit Fragebogen

Im Rahmen der Grobplanung hat sich in der Praxis vor allem der **Workshop** bewährt. Im Workshop werden die Zielvorstellungen, Absichten und Wertvorstellungen des Kunden, die im Gespräch erfasst wurden, erhärtet und detailliert.

Als Gesprächsunterlage sollte ein schon vom Kunden ausgefüllter Fragebogen vorhanden sein, der im Laufe des Workshops ergänzt und eventuell korrigiert wird.

Vorteile des Workshops

▶ Betreuung des Kunden bei einer sinnvollen, detaillierten Aufgabenformulierung möglich
▶ Gemeinsame Problemerarbeitung zwischen Kunden und Planer möglich
▶ Möglichkeit einer direkten Kommunikation führt zur Reduktion von Missverständnissen
▶ Zielorientiertes Vorgehen

Nachteile des Workshops

▶ Hoher bis mittlerer Aufwand zur Vorbereitung des Workshops
▶ Enormer Zeitaufwand für die Datenerfassung vor Ort durch den Planer

7.2.2 Vergangenheitsbezogene Methoden zur Informationsbeschaffung

 Allzu oft werden vom Kunden wenig strukturierte „Datenfriedhöfe" auf elektronischen Datenträgern zur Verfügung gestellt.

Diese „**Datenfriedhöfe**" beinhalten folgende Gefahren:

▶ Aufgrund der schlechten Übersicht werden die wesentlichen Merkmale der Problemstellung nicht erkannt. Die Gewichtung der einzelnen Problemaspekte entspricht nicht mehr der übergeordneten Problemstellung. Der Planer verliert die eigentliche Problemstellung aus dem Auge.

▶ Erarbeitung von Analyseergebnissen, die im Rahmen der Lagerlogistikgrobplanung gar nicht benötigt werden.

▶ Nach einer „umfangreichen" Datenanalyse bildet sich sowohl beim Planer als auch beim Kunden ein Gefühl der Sicherheit bzgl. der erarbeiteten Daten. Dieses Gefühl der Sicherheit in Bezug auf die erarbeiteten Daten kann zu einer unkritischen Haltung des Planers bzw. des Kunden gegenüber der Datenbasis und der Datenanalyseergebnisse führen.

▶ Qualitative Aspekte der Problemstellung werden nicht oder nur unzulänglich erkannt.

Vor der Analyse von vergangenheitsbezogenen Datenmengen für die Grobplanung von Lagerlogistiksystemen müssen die folgenden **Fragestellungen** geklärt sein:
- Welche Annahmen wurden bei der Datenerfassung getroffen?
- Wie wurden die Daten erfasst?
- Wann wurden die Daten erfasst?
- Wer hat die Daten erfasst?

Erst wenn diese Fragen geklärt und die Daten bereinigt sind, darf davon ausgegangen werden, dass die Qualität der Datenbestände hinreichend ist.

Daten aus dem Lagerverwaltungssystem

Bei vergangenheitsbezogenen Methoden zur Informationsbeschaffung wird im Allgemeinen auf den Datenbestand in Lagerverwaltungssystemen (= LVS) zurückgegriffen.

Tabelle 8 gibt einen Überblick über eine typische Aufgabenzuweisung zwischen dem Host und dem LVS-Computersystem.

Host (kommerzielle Ebene)	Produktionsplanung Kundenauftragsverwaltung und Fakturierung Summarische Bestandsführung
LVS (dispositive Ebene)	Auftragsbearbeitung Bestandsführung pro Gebinde pro Lagerplatz Materialflusssteuerung
GS/FA (ausführende Ebene)	Steuerung der einzelnen Materialflusselemente (Fördertechnik, Regalbediengeräte usw.) Sicherheitsüberwachung Materialflussoptimierung

Tab. 8: *Typisches Beispiel einer Aufgabenzuweisung zwischen Host, LVS und GS/FA*

Basierend auf dieser Aufgabenverteilung ergibt sich die folgende Aufteilung in Bezug auf den Informationsfluss und somit auch auf die verfügbaren Informationsbestände im Host bzw. LVS.

Aus den Datenbeständen des LVS werden nun, unter Berücksichtigung der Bedürfnisse des Kriterienkataloges (vgl. Tab. 7), die folgenden zwei Datenfiles erstellt:

▶ Masterfile (→ statische Daten)
▶ Auftragsfile (→ dynamische Daten)

Das Masterfile enthält typischerweise die folgenden Artikeldaten für jede einzelne Artikelposition:

▶ Artikelidentifikationsnummer
▶ Anzahl LE/Artikel
▶ Anzahl PE/LE
▶ Gewicht/LE
▶ Abmessungen/LE
▶ Restriktionen (z. B. Brandschutzklassierung)

Im Auftragsfile werden die einzelnen **Auftragspositionen** (= AP) aller Kunden für einen bestimmten Zeitraum aufgeführt. Das Auftragsfile umfasst die Auftrags- als auch die Leistungsdaten. Folgende Informationen werden pro Auftragsposition typischerweise geführt:

▶ Artikelidentifikationsnummer
▶ Auftragsnummer
▶ Menge pro Auftragsposition (= PE/AP)
▶ Bestelldatum/Auslieferungsdatum

7.3 Datenanalyse

Im folgenden Teil werden die zwei wichtigsten Methoden zur Analyse des Masterfiles und des Auftragsfiles dargestellt.

▶ Berechnung von gewichteten Mittelwerten
▶ Datenanalyse mit Hilfe von mathematischen Verteilungen

7.3.1 Berechnung von gewichteten Mittelwerten

Bei der Auslegung von Lagerlogistiksystemen ist man immer wieder darauf angewiesen, mit Mittelwerten für bestimmte statische Größen zu operieren:

- ▶ Durchschnittliche Palettenhöhe und Palettengewichte
- ▶ Durchschnittliche Palettenfaktoren (Anzahl Kartons/Palette)
- ▶ Kartonabmessungen (Länge · Breite · Höhe)
- ▶ usw.

 Bei der Berechnung von Mittelwerten wird in der Lagerlogistikplanung oft der Fehler begangen, dass mit nicht gewichteten Mittelwerten operiert wird.

Grundsätzlich sollte immer ein **Gewichtungsfaktor** verwendet werden, der den relativen Einfluss der Zielgröße innerhalb des gesamten Lagerlogistiksystems widerspiegelt. Wird beispielsweise der Mittelwert für eine Größe gesucht, die im Zusammenhang mit der Kommissionierung Verwendung findet (z. B. Anzahl Picks/AP), sollte die Anzahl der Picks pro Artikel als Gewichtungsfaktor berücksichtigt werden.

Beispiel zur Berechnung von gewichteten Mittelwerten

Es soll der Palettenfaktor (= Anzahl Kartons/Palette) berechnet werden. Palettenfaktoren sind wichtige Größen bei der Lagerlogistikplanung. Sie können maßgeblich die Anforderungen an Transportleistung oder die Lagerkapazität des Lagerlogistiksystems bestimmen. Folgende Größen sollen gegeben sein:

- ▶ Anzahl Artikel
- ▶ Anzahl Kartons/Palette pro Artikel (siehe Masterfile)
- ▶ Anzahl gepickte Kartons/Stunde pro Artikel (siehe Auftragsfile)

Der **Palettenfaktor** kann nun auf die folgenden zwei Arten berechnet werden:

▶ Nicht gewichteter Durchschnittswert des Palettenfaktors:

$$\varnothing \, \text{Palettenfaktor} = \frac{\displaystyle\sum_{\text{Sortiment}} \text{Palettenfaktor pro Artikel}}{\text{Anzahl aller Artikel}}$$

▶ Gewichteter Durchschnittswert des Palettenfaktors:
Der Gewichtungsfaktor G_K pro Artikel für den Kartonfluss berechnet sich wie folgt:

$$G_K = \frac{\text{Karton Durchsatz/h pro Artikel}}{\displaystyle\sum_{\text{Sortiment}} \text{Karton Durchsatz/h pro Artikel}}$$

Somit berechnet sich der gewichtete Durchschnittswert des Palettenfaktors wie folgt:

$$\varnothing \, \text{Palettenfaktor}_G = \sum_{\text{Sortiment}} G_K \cdot \text{Palettenfaktor pro Artikel}$$

An folgendem **Projektbeispiel** soll gezeigt werden, wie stark der Einfluss der Gewichtung auf die Größe des Palettenfaktors ist.

▶ Anzahl Artikel im Sortiment: 13 500
▶ Kartondurchsatz/h: 10 000 Kartons/h

$\rightarrow$ Palettenfaktor = 40
$\rightarrow$ Palettenfaktor$_G$ = 61

Offensichtlich haben schnelldrehende Artikel (= hoher Kartondurchsatz/h) einen deutlich höheren Palettenfaktor. Da diese Artikel den Palettenfluss maßgeblich bestimmen, wäre ein Fördersystem, das aufgrund eines nicht gewichteten Palettenfaktors berechnet wird, mit Sicherheit überdimensioniert.

7.3.2 Datenanalyse mit Hilfe von mathematischen Verteilungen

Große Datenmengen lassen sich sehr übersichtlich durch mathematische Verteilungen beschreiben. Bei der Verteilung unterscheidet man die folgenden **Grundtypen:**

▶ Absolute Häufigkeitsverteilung
▶ Summenhäufigkeitsverteilung

Einen Spezialfall der Summenhäufigkeitsverteilung stellt die **Lorenzkurve** (auch Pareto-Analyse) dar. Auf der x-Achse werden die betrachteten Größen nach aufsteigendem y-Wert sortiert. Durch Auftragen der kumulierten x- und y-Werte ergibt sich die Lorenzkurve (vgl. Bild 26). Mit Hilfe der Lorenzkurve können Konzentrationsverhältnisse sehr anschaulich dargestellt werden. In der Praxis beschränkt man sich im Allgemeinen auf die folgenden Lorenzkurven:

	X-Wert (kumuliert)	Y-Wert (kumuliert)
1. Lorenzkurve	Anzahl Artikel	Anzahl Volumeneinheiten m^3/h
2. Lorenzkurve	Anzahl Artikel	Anzahl Auftragspositionen AP/h

Tab. 9: *Relevante Lorenzkurven in der Grobplanung von Lagerlogistiksystemen*

Aufgrund der folgenden zwei Tatsachen ist diese Beschränkung im Rahmen der Grobplanung von Lagerlogistiksystemen möglich und sinnvoll:

▶ Die technische Auslegung des Wareneingangs, Einheitenlagers, Nachschubsystems des Kommissionierlagers und Warenausgangs wird durch den Transport von artikelreinen und möglichst großen Volumeneinheiten, im Allgemeinen Paletten, bestimmt. Es steht also der Aspekt der Volumenbewegung (Anzahl Volumeneinheiten m^3/h) im Vordergrund, der durch die erste Lorenzkurve (Anzahl Volumeneinheiten m^3/h) beschrieben wird.

▶ Die technische Auslegung des Picksystems, Auftragszusammenstellungssystems und der Packerei wird hingegen durch Vereinzelungsfunktion und auftragsorientierte Zusammenstellungsfunktion von einzelnen Auftragspositionen bestimmt. Diese Größe wird durch die zweite Lorenzkurve (Anzahl Artikel zu Anzahl Auftragspositionen AP/h) beschrieben.

 Grundsätzlich sollte versucht werden, einen Standard bei der Erstellung von Lorenzkurven zu erreichen. Dieser **Standard** hat die folgenden Anforderungen zu erfüllen:
- Konsequente Orientierung bei der Achsenbeschriftung durch x- und y-Werte
- Vergleichbare Skalierung der Achsen

Falls diese Anforderungen berücksichtigt werden, ergeben sich die folgenden **Vorteile:**

▶ Orientierung für den Leser wird erleichtert

▶ Vergleich mit Lorenzkurven aus abgeschlossenen Projekten wird möglich

▶ Vergleich der Lorenzkurven untereinander wird möglich

Die folgende Grafik soll einen Eindruck vom typischen Verlauf und der beispielhaften Darstellung von Lorenzkurven in der Lagerlogistik vermitteln.

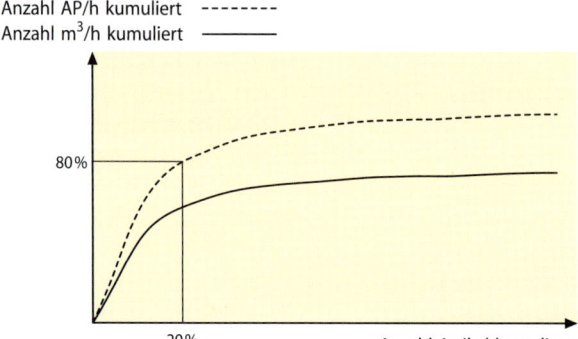

Bild 26: *Lorenzkurve nach Auftragspositionen AP/h und Volumeneinheiten in m³/h*

Typisch für den Verlauf der obigen Lorenzkurven in der Lagerlogistik ist die **20/80-Regel**, d. h. 20 % der x-Werte verursachen 80 % der y-Werte. Für eine vertiefte Analyse der Lorenzkurven sei auf die Arbeiten von Gudehus und Günter verwiesen.

8 Zielformulierung

8.1 Einleitung

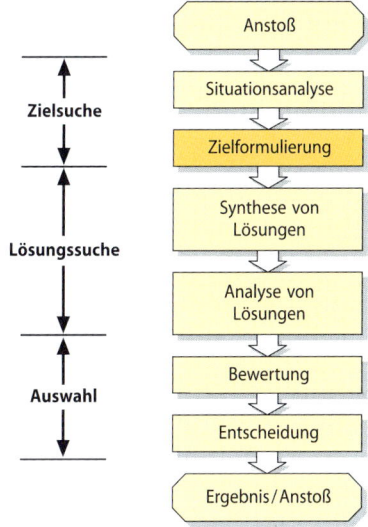

Bild 27: *Die Zielformulierung im Problemlösungszyklus*

Im Rahmen der Zielformulierung müssen nun die Erkenntnisse aus der Situationsanalyse in das Anforderungsprofil für das Lagerlogistiksystem umgesetzt werden. Diese Zielformulierung erfolgt gemäß dem Prinzip „vom Groben ins Detail" in den folgenden zwei Phasen:

▶ Eine detaillierte quantitative Zielformulierung im Soll-Materialflussdiagramm
▶ Eine qualitative und grob quantitative Zielformulierung im Zielkatalog

8.2 Materialflussdiagramme

Materialflussdiagramme bilden die wesentlichen funktionsspezifischen Subsysteme des Lagerlogistiksystems und die Materialflüsse zwischen diesen Subsystemen ab und dienen dem folgenden **Zweck**:

▶ Grafische Übersicht der einzelnen Materialflüsse
▶ Zusammenfassung der wichtigsten Planungskennzahlen aus der Situationsanalyse

Je nach Planungsphase unterscheidet man die folgenden Materialflussdiagramme:

▶ Lösungsvariantenneutrales Materialflussdiagramm
  • Ist-Materialflussdiagramm
  • Soll-Materialflussdiagramm
▶ Lösungsvariantenabhängiges Materialflussdiagramm

8.2.1 Lösungsvariantenneutrales Materialflussdiagramm

Im lösungsvariantenneutralen Materialflussdiagramm sollen nur die wichtigsten Planungsdaten dargestellt werden. Funktionsbereiche wie Einheitenlager oder Kommissionierlager werden als **Black Box** dargestellt (vgl. Bild 28). Die Erstellung des lösungsvariantenneutralen Materialflussdiagramms erfolgt in zwei Phasen:

▶ Ist-Materialflussdiagramm
  Das Ist-Materialflussdiagramm fasst die wesentlichen Erkenntnisse aus der Datenanalyse in einem Diagramm zusammen.

▶ Soll-Materialflussdiagramm

Auf der Basis der Analyse von Wachstumsfaktoren und Spitzenfaktoren wird dann aus dem Ist-Materialflussdiagramm das Soll-Materialflussdiagramm abgeleitet.

Erfahrungsgemäß stellt das lösungsneutrale Materialflussdiagramm eines der wichtigsten Planungsdokumente dar.

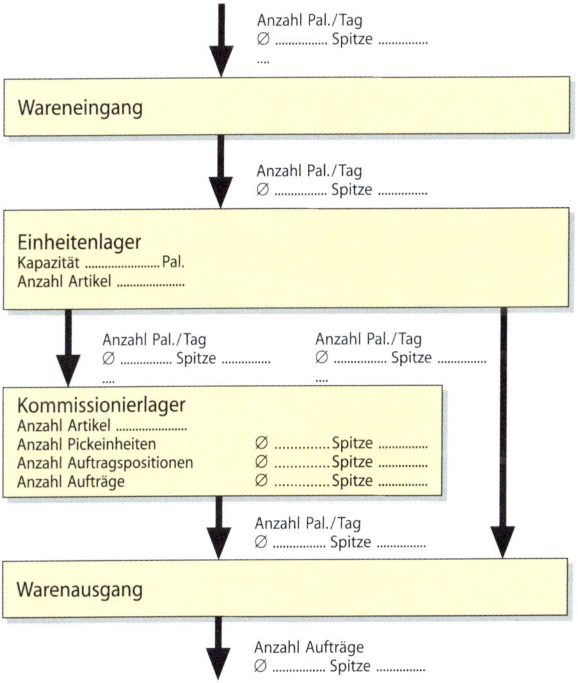

Anzahl Pal./Tag
∅ .... Spitze ....
....

Wareneingang

Anzahl Pal./Tag
∅ .... Spitze ....

Einheitenlager
Kapazität .... Pal.
Anzahl Artikel ....

Anzahl Pal./Tag   Anzahl Pal./Tag
∅ .... Spitze ....   ∅ .... Spitze ....
....

Kommissionierlager
Anzahl Artikel ....
Anzahl Pickeinheiten   ∅ .... Spitze ....
Anzahl Auftragspositionen   ∅ .... Spitze ....
Anzahl Aufträge   ∅ .... Spitze ....

Anzahl Pal./Tag
∅ .... Spitze ....

Warenausgang

Anzahl Aufträge
∅ .... Spitze ....

Bild 28: *Beispiel eines lösungsvariantenneutralen Materialflussdiagramms*

8.2.2 Lösungsvariantenabhängiges Materialflussdiagramm

Die lösungsvariantenabhängigen Materialflussdiagramme finden erst in der Lösungssynthese Verwendung. Im lösungsvariantenabhängigen Materialflussdiagramm werden lösungsspezifische Subsysteme (z. B. unterschiedlich gestaltete Kommissionierbereiche) dargestellt. Somit ist der **Komplexitätsgrad** der lösungsvariantenabhängigen Materialflussdiagramme zwangsweise deutlich höher als derjenige der lösungsvariantenneutralen Materialflussdiagramme.

8.3 Die Erstellung des Soll-Materialflussdiagramms

Im Soll-Materialflussdiagramm werden die quantitativen Informationen des Anforderungsprofils dargestellt. Zu diesem Zweck müssen die folgenden **Faktoren** definiert werden.

- ▶ Spitzenfaktoren
- ▶ Leistungsreserven
- ▶ Prognosefaktoren

8.3.1 Spitzenfaktoren

 Die Analyse der **Jahresdurchsatz-Leistungsspitzen** sollte auf die Zeiteinheit [Arbeitstag] bezogen werden, da in der Lagerlogistik des Handels die Auftragsdurchlaufzeit im Allgemeinen einen Arbeitstag nicht überschreiten sollte.

Bei der Analyse der **Tagesdurchsatzleistung** werden im Allgemeinen erhebliche Standardabweichungen vom Jahresmittelwert festgestellt.

Materialfluss Lösung 1: Spitzenwert 2004

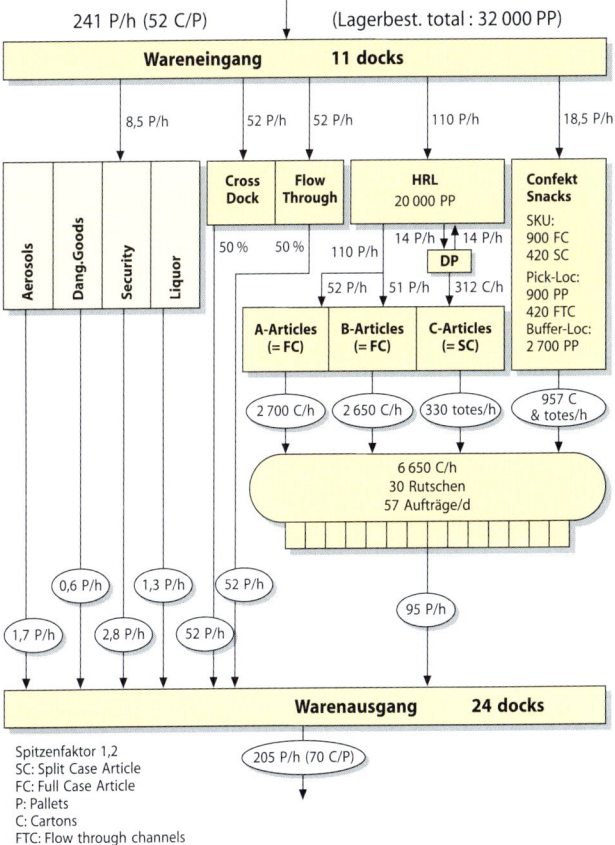

Bild 29: *Lösungsvariantenabhängiges Materialflussdiagramm*

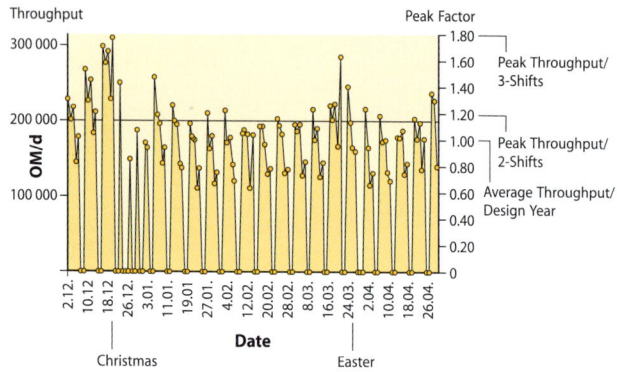

Bild 30: *Jahresdurchsatzprofil in OM pro Tag (OM = Order Multiple = Pick Units)*

Als Ursache für diese Abweichungen können die folgenden Gründe genannt werden:

Stochastisch bedingte Schwankungen

Diese Schwankungen haben keinen Wiederholungscharakter und sind erfahrungsgemäß im Vergleich mit den saisonalen Schwankungen von untergeordneter Bedeutung.

Saisonal bedingte Schwankungen

Saisonale Schwankungen werden definiert als ungleiche Nachfrage in Bezug auf den ganzen Jahresverlauf (z. B. Weihnachten und Ostern in der Konsumgüterbranche, Wochentage). Diese Schwankungen haben Wiederholungscharakter und betreffen das ganze Lagerlogistiksystem.

Um nicht das ganze Lagerlogistiksystem auf diese Spitzenwerte auszulegen, bietet sich die Möglichkeit an, z. B. die fünf durchsatzstärksten Tage zu eliminieren. Somit nimmt man in Kauf, dass an diesen fünf Tagen die Auftragsdurchlaufzeit im Lagerlogistiksystem höher ist.

Beim 2-Schicht-Betrieb können die Aufträge in der dritten Schicht fertig gestellt werden (Überzeit). Bei 3-Schicht-Betrieb erfolgt die Fertigstellung der letzten Aufträge erst am nächsten Arbeitstag. Falls die durchsatzstärksten Tage aber nicht eliminiert werden, sinkt der Nutzungsgrad des ganzen Lagerlogistiksystems, und die Betriebskosten pro Pick steigen entsprechend an. Es muss somit eine **Opportunitätskostenüberlegung** erfolgen:

▶ Was sind die direkten Umsatzeinbußen, wenn an diesen fünf Tagen die Auftragsfertigstellung erst am nächsten Tag erfolgt?
▶ Was sind die indirekten Folgen (Kundenverlust, Imageverlust usw.)?
▶ Wie hoch sind die Mehrinvestitionen, wenn die fünf durchsatzstärksten Tage auch abgedeckt werden sollen?

Basierend auf diesen Erkenntnissen müssen die Spitzenfaktoren definiert werden.

8.3.2 Leistungsreserven

Im Gegensatz zu den Spitzenfaktoren beziehen sich die Leistungsreserven nur auf die Subsysteme des Lagerlogistiksystems.

Technische Leistungsreserven

Bei hochautomatisierten Systemen muss mit einer technischen Verfügbarkeit von ca. 95 % der theoretischen Betriebszeit gerechnet werden. D. h. während der restlichen 5 % der Betriebszeit werden die Geräte gewartet oder repariert und stehen somit nicht für die Leistungserstellung zur Verfügung. Bei mechanisierten Systemen muss mit einer Verfügbarkeit von ca. 80 % gerechnet werden. Während der restlichen 20 % ist das Bedienpersonal nicht verfügbar (Pausen, Toilette, Unfall usw.).

Stochastische Leistungsreserven

Stochastische Spitzen entstehen z. B. durch eine unregelmäßige Anlieferung der Ware am Wareneingang. Falls die Entsorgung des **Wareneingangspuffers** am selben Arbeitstag erfolgen soll, muss bei einem 3-Schicht-Betrieb des Lagerlogistiksystems das Entsorgungssystem mit einer Leistungsreserve durch einen Aufschlag versehen werden. Falls das Lagerlogistiksystem im 2-Schicht-Betrieb arbeitet, kann die Entsorgung des Wareneingangspuffers auch in der dritten Schicht erfolgen (Überzeit). Aufgrund der geringeren Leistungsflexibilität der automatischen Systeme sind deren stochastische Leistungsreserven im Allgemeinen höher anzusetzen als bei manuellen oder mechanisierten Systemen.

8.3.3 Prognosefaktoren

Die wesentlichen Größen, die im Rahmen der Lagerlogistikgrobplanung prognostiziert werden müssen, können in die folgenden vier **Kategorien** unterteilt werden:

▶ Anzahl Artikel
▶ Anzahl Aufträge und Auftragszeilen pro Zeiteinheit
▶ Warenfluss in Anzahl:
  • Volumeneinheiten pro Zeiteinheit
  • Transporteinheiten pro Zeiteinheit
▶ Künftige Lagerreichweite in Zeiteinheiten

Für die Prognose dieser Größen existiert eine Vielzahl von Techniken. Deren Auswahl hängt von den folgenden **Kriterien** ab:

▶ Welche Informationen sind vorhanden?
▶ Für was werden die Prognosen benötigt?
▶ Was sind die zeitlichen und finanziellen Restriktionen?

Die **Prognosetechniken** lassen sich gemäß der eingesetzten Techniken in die folgenden Kategorien einteilen:

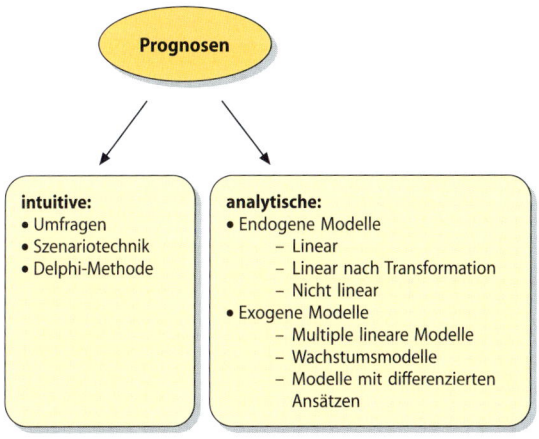

Bild 31: *Prognosetechniken*

Intuitive Prognoseverfahren

Intuitives Denken bezeichnet die Fähigkeit, komplexe Beziehungen ohne detailliertes Wissen über die Verhältnisse von Ursache und Wirkung zu erfassen. Die intuitiven Prognoseverfahren basieren also auf Schätzungen und Vermutungen und sind somit mit einer großen Unsicherheit verbunden. Der Einsatz intuitiver Prognoseverfahren sollte sich auf die Fälle beschränken, wo keine Daten für analytische Prognosetechniken zur Verfügung stehen.

▶ Bei der Umfrage wird eine bestimmte Personengruppe durch standardisierte Interviews oder Fragebogen befragt. Falls dieselbe Umfrage mehrmals mit neuen Gruppen durchgeführt wird, spricht man von **Pannel-Befragung**.

▶ Beim **Szenario-Writing** werden mehrere künftige Entwicklungen und deren Folgen durchgespielt. Man versucht, die künftige Situation als eine Folge von Ereignissen zu entwickeln.

▶ Bei der **Delphi-Methode** werden die Mitglieder einer Expertengruppe mehrmals einzeln befragt. Nach jeder Befragungsrunde publiziert man Ergebnisse, wodurch sich im Laufe der Zeit eine einheitliche Meinung innerhalb der Expertengruppe bildet.

Analytische Techniken

Die analytischen Techniken stützen sich auf empirische Untersuchungen und arbeiten im Allgemeinen mit mathematischen Modellen. Dabei werden die folgenden Modelle unterschieden:

▶ Endogene Modelle (z. B. Extrapolation)
▶ Exogene Modelle (z. B. Wachstumsmodelle)

Der wesentliche Vorteil der exogenen Modelle im Vergleich zu den endogenen Modellen liegt darin, dass bei den exogenen Modellen auch die Veränderungen von relevanten Einflussgrößen berücksichtigt werden (z. B. Palettenfaktoren). D. h., dass bei den exogenen Modellen für die einzelnen Komponenten der Datenbasis separate Wachstumsfaktoren festgelegt werden, die ein realistisches Bild der Zukunft darstellen können. Wenn immer möglich, sollte versucht werden, die exogenen Prognosemodelle zur Erstellung der Datenbasis zu verwenden.

Die folgende Tabelle gibt einen Überblick zu den Charakteristiken der einzelnen Prognosetechniken.

Für eine detaillierte Betrachtung der einzelnen Prognosetechniken sei auf die Arbeit von Fischer verwiesen.

Beispiele zu exogenen und endogenen Prognosemodellen

Das folgende Beispiel soll anhand der Prognose der Transporteinheiten den Unterschied zwischen exogenen und endogenen Prognosemodellen verdeutlichen.

Ausgangssituation
- ▶ Das Wachstum des Warenflusses in Kartons/h ist bekannt (Soll = Ist + 40 %).
- ▶ Die Größe des Artikelsortimentes bleibt konstant.
- ▶ Die Artikelstruktur bleibt ebenfalls konstant (Annahme: 20/80-Regel gilt auch im Soll-Zustand).
- ▶ Der Ist-Palettenfaktor (= Anzahl Kartons/Palette) für die A-Artikel beträgt 60, für die B-Artikel 36.

Gesucht

Gesucht wird der künftige Warenfluss in Paletten.

Prognose-verfahren	Ermittlungsverfahren			Prognosezeitraum			Prognose-Output	
	intuitiv	analytisch		kurz	mittel	lang	quanti-tativ	quali-tativ
		mathe-matisch	grafisch					
Mittelwertbildung		x		x			x	
Exponentielle Glättung		x		x			x	
Trendextrapolation		x	(x)	x	x	(x)	x	
Regression		x		x	(x)		x	
Hochrechnungsprognose		x		x			x	
Sättigungsmodelle		x			x	x	x	
Relevanzbaum	x		(x)		x	x	(x)	x
Delphi-Methode	x				x	x	(x)	x
Szenario-Writing	x				x	x		x

Tab. 10: *Charakteristiken der einzelnen Prognosetechniken*

Beispiel eines endogenen Prognosemodells

Der Soll-Palettenfluss wird durch die Multiplikation des Ist-Palettenflusses mit dem Wachstumsfaktor des Warenflusses berechnet. Der Wachstumsfaktor für den Palettenfluss beträgt in diesem Fall 40 %. Dabei wird ignoriert, dass sich der Soll-Palettenfaktor im Allgemeinen auch verändert und somit den Palettenfluss beeinflusst.

Beispiel eines exogenen Prognosemodells

Das exogene Prognosemodell berücksichtigt zusätzlich die künftige Veränderung des Palettenfaktors. Langsamdrehende Artikel werden oft auf Paletten mit sehr geringen Palettenfaktoren angeliefert (z. B. 15–30 Kartons/Palette). Schnelldrehende Artikel hingegen werden mit den maximal möglichen Palettenfaktoren angeliefert (z. B. 50–65 Kartons/Palette). Falls nun der Warendurchsatz pro Artikel künftig um 40 % zunimmt, wächst der Palettenfluss wie folgt:

▶ A-Artikel: Soll-Palettenfluss = Ist-Palettenfluss + 40 % mit konstantem Palettenfaktor (z. B. 60 Kartons/Palette).
▶ B-Artikel: Soll-Palettenfluss = Ist-Palettenfluss mit wachsendem Palettenfaktor (z. B. 36 auf 50 Kartons/Palette). D. h. der höhere Warendurchsatz wird bei den B-Artikeln durch den höheren Palettenfaktor abgefangen und führt nicht zu höheren Palettenflusszahlen.

Das Wachstum für den Palettenfaktor beträgt in diesem Fall somit nicht 40 %, sondern nur 32 %. Die unten stehende Grafik soll diesen Sachverhalt verdeutlichen.

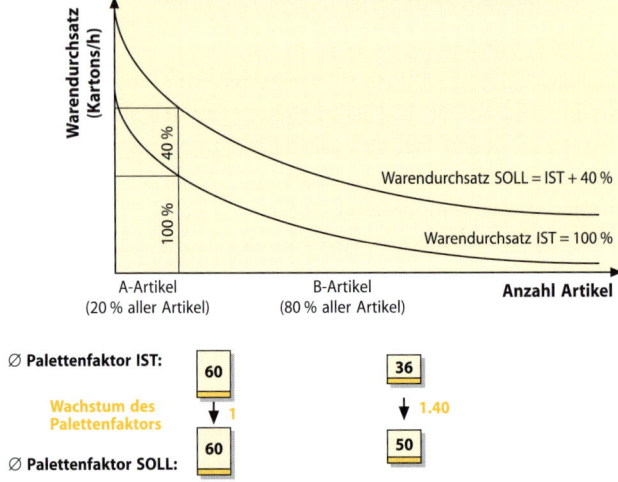

Bild 32: *Wachstumsprognose für Palettenfaktor*

8.4 Der Zielkatalog

Auf der Basis des Planungskriterienkataloges werden die Ziele zusammengestellt, die bei der Lösungssuche als auch bei der Auswahl der Lösungsvarianten zu berücksichtigen sind.

Zwischen den einzelnen Zielen können grundsätzlich die folgenden Beziehungen bestehen:

▶ Gegenseitige Unterstützung
▶ Indifferenz (= Unabhängigkeit)
▶ Zielkonkurrenz (= Gegenläufigkeit)
▶ Zielkonflikt (= Widerspruch)

Häufig erkennt man bei einer zu großen Anzahl an Zielkriterien die **Zielkonkurrenz und Zielkonflikte** nicht direkt. Die systematische Zusammenstellung aller Ziele in Zielklassen und die Bestimmung von messbaren Zielgrößen kann diese Abhängigkeiten verdeutlichen.

Aufbauend auf dieser Struktur und der Klassifizierung der einzelnen Ziele in Muss-, Soll- und Wunschziele können diese Zielkonflikte bzw. Zielkonkurrenz aus dem Zielkatalog eliminiert werden.

 Der problematische Schritt bei der Definition von messbaren Zielgrößen besteht in der **Operationalisierung** der qualitativen Ziele.

Wenn immer möglich, muss versucht werden, durch die Definition von messbaren Zielkriterien die schlecht messbaren, qualitativen Ziele in messbare Ziele zu transformieren. Unter Umständen kann es sinnvoll sein, qualitative Zielkriterien mit mehreren Zielgrößen zu beschreiben, um die Operationalisierung dieser Ziele zu ermöglichen (vgl. Tab. 11).

Dieser Prozess muss in enger Zusammenarbeit mit dem Kunden (z. B. Workshops) erfolgen. Als Entscheidungsbasis für diesen Schritt können die folgenden Unterlagen dienen:

▶ Jahresprofile in Bezug auf Durchsatzschwankungen und Sortimentsschwankungen
▶ Statistiken in Bezug auf Kundenreklamationen (Verfügbarkeit, Kommissionierfehler, Artikelbeschädigungen usw.)
▶ Statistiken in Bezug auf Mitarbeiterabwesenheit (Krankheit, Unfall usw.)

Zielkriterien	Zielgröße	Bedingung
Leistungs-flexibilität	Volumendurchsatzerhöhung in m/h	min. 20 %
	Investitionen für 50 % mehr Leistung	max. 3 Mio. EUR
Struktur-flexibilität	Sortimentserhöhung in Anzahl Artikel	min. 30 %
	Investitionen für 80 % mehr Artikel	max. 3 Mio. EUR
Ausbau-fähigkeit	Verfügbare Ausbaufläche/ genutzte Fläche	50 %
	Nutzung des Lagers während Umbauphase	min. 70 %

Tab. 11: *Operationalisierung der qualitativen Ziele*

Es muss hier angemerkt werden, dass nicht alle qualitativen Ziele sinnvoll operationalisiert werden können. Diese Ziele werden dann im Rahmen der Nutzwertanalyse in einer Skalierungsmatrix (vgl. Tab. 14) mit numerischen Werten versehen und somit einer quantitativen Bewertung zugänglich gemacht. Für eine detailliertere Betrachtung der einzelnen **Zielformulierungstechniken** sei auf die Arbeit von Doerner verwiesen. In der folgenden Tabelle ist ein beispielhafter Zielkatalog für eine Lagerlogistikplanung abgebildet.

Zielklasse	Zielkriterien	Zielgröße	Bedingung	Kat.
Quantitativ				
Artikeldaten	Anzahl Artikel	Anzahl Artikel	12 000 Artikel	M
	Anzahl LE/Artikel	Anzahl Paletten/Artikel	3,5 Paletten/Artikel	M
	Anzahl PE/LE	Anzahl Kartons/Palette	45 Kartons/Palette	M
	Gewicht/LE	kg/Palette	550 kg	M
	Abmessungen/LE	L×B×H pro Palette	1,2 m × 0,8 m × 1,5 m	M
Auftragsdaten	Anzahl AP/Auftrag	Anzahl AP/Auftrag	25 AP/Auftrag	M
	Anzahl PE/AP	Anzahl Kartons/AP	2,3 Kartons/AP	M
Leistungsdaten	Aufträge/ZE	Anzahl Aufträge/Stunde	50 Aufträge/Stunde	M
Restriktionen	Grundstück	max. Grundfläche	50 000 m	M
	Bauhöhe	max. Bauhöhe	20 m	M
	Verkehrsanschlüsse	Bahnanschluss	Eigener Bahnanschluss	M
	Ladehilfsmittelart	Paletten	EURO-Paletten	M
	Lagerbedingungen	Brandschutzklasse	2 a	M
	Organisation	Arbeitsstunden/Tag	16 Arbeitsstunden/Tag	M
Wirtschaftlichkeit	Investitionen	max. Investition	max. 25 Mio. EUR	X
	Betriebskosten	max. Betriebskosten	max. 4 Mio. EUR	S

Zielklasse	Zielkriterien	Zielgröße	Bedingung	Kat.
Qualitativ				
Ablauf	Leistungsflexibilität	mögl. Volumen-durchsatzerhöhung	min. 20 %	S
		Investit. für 50 % mehr Leistung	max. 3 Mio. EUR	W
	Auftragsdurch-laufzeit	Anzahl Stunden	max. 24 h	S
	Zugriffszeit	Anzahl Minuten	max. 5 Min.	W
	Lieferqualität	Anzahl Fehlauftr./Anzahl Auftr. total	max. 2 %	S
	Verfügbarkeit	Einsatzzeit/Betriebszeit	min. 95 %	S
	Auslastbarkeit	Theoretische/effektive Leistung	min. 90 %	S

Aufbau	Strukturflexibilität	Mögliche Sortiments-erhöhung	min. 30 %	S
		Invest. für 80 % mehr Artikel	max. 3 Mio. EUR	W
	Ausbaufähigkeit	Verfügb. Fläche/genutz. Fläche	min. 50 %	S
		Nutzung während Umbauphase	min. 70 %	W
	Arbeitsplatz-gestaltung			
Funktion	Funktionssicherheit			
	Automatisierungs-grad			
	Organisationsgrad			
	Personalintensität			
	Mehrschichtbetrieb			

M = Muss-Ziel   S = Soll-Ziel   W = Wunsch-Ziel

Tab. 1: *Beispiel eines Zielkataloges für die Lagerlogistikplanung*

9 Synthese von Lösungen

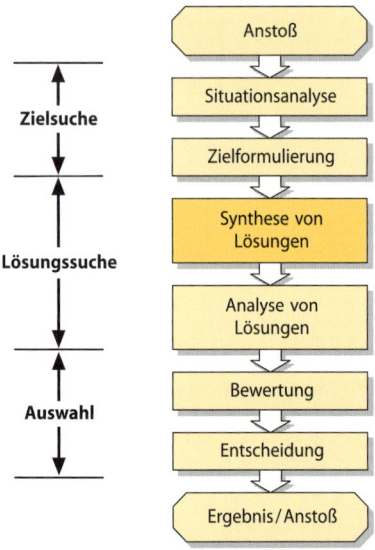

Bild 33: *Die Synthese von Lösungen im Problemlösungszyklus*

9.1 Bildung von Systembereichen und Systemzonen

 Die häufigen Diskussionen in der Praxis über manuelle versus automatische Lagersysteme enden meistens mit der Erkenntnis, dass die optimale Lösung in einer Kombination von manuellen und automatischen Systembereichen, so genannten **Mischlösungen**, zu suchen ist.

Einer der Hauptgründe liegt darin, dass die Planungskriterien innerhalb des Artikelsortimentes in Bezug auf strukturelle, mengenmäßige und temporäre Besonderheiten erheblich variieren können.

9.1.1 Strukturelle und mengenmäßige Besonderheiten

▶ Varianz der Anzahl LE/Artikel
▶ Varianz der Anzahl PE/LE
▶ Varianz der Anzahl AP/Auftrag
▶ Unterschiedliche Anforderungen an die Lagerbedingungen (Brandschutz, Lagerklima usw.)

9.1.2 Temporäre Besonderheiten

▶ Varianz der Anzahl Aufträge/ZE → kann zu unterschiedlichen Spitzenfaktoren führen

Aus diesem Grund erfolgt die Bildung von Systembereichen und Systemzonen, wodurch eine bereichsweise Anpassung des Systems an die strukturellen, mengenmäßigen und temporären Besonderheiten des Artikelsortimentes erreicht werden soll.

9.1.3 Systembereiche

Aufgrund der zwingenden Lagerbedingungen erfolgt eine Unterteilung des Artikelsortimentes in so genannte Systembereiche. Die folgende Aufstellung stellt eine Auswahl von möglichen Systembereichen in der Lagerlogistik des Handels dar:

▶ Feuergefährliche Artikel
▶ Explosionsgefährliche Artikel
▶ Diebstahlgefährdete Artikel

▶ Wärmeempfindliche Artikel

▶ Druckempfindliche und/oder bruchgefährdete Artikel

▶ X-Artikel (Artikel mit übergroßen Dimensionen, z. B. Langgut)

▶ Normalsortiment

Aus Kostengründen sollte ein Systembereich, wenn immer möglich, nur diejenigen Artikel umfassen, welche die entsprechenden Lagerbedingungen benötigen. Beispielsweise sollte eine Lagerung von nicht feuergefährlichen Artikeln in Lagerbereichen mit feuergefährlichen Artikeln vermieden werden. Im Handel kann davon ausgegangen werden, dass 95 % aller Artikel zum so genannten Normalsortiment zählen, das keine speziellen Lagerbedingungen erfordert.

9.1.4 Systemzonen

Jeder Systembereich wird anhand von Durchsatzkriterien in Systemzonen unterteilt. Jede Systemzone umfasst nur eine Systemalternative pro Systemgruppe. Die Einteilung erfolgt im Idealfall anhand der Lorenzkurven, die im Rahmen der Situationsanalyse ermittelt wurden.

 Dabei zeigt sich in der Praxis, dass normalerweise eine Unterteilung der Lorenzkurve in maximal drei Teilbereiche genügt.

Diese drei Teilbereiche lassen sich im Allgemeinen wie folgt beschreiben:

▶ **A-Artikel:** Wenig Artikel mit sehr hohem Umsatz (Auftragspositionen AP/h oder Volumeneinheiten m^3/h) pro Artikel

▶ **B-Artikel:** Größere Anzahl Artikel mit tieferem Umsatz (Auftragspositionen AP/h oder Volumeneinheiten in m³/h) pro Artikel

▶ **C-Artikel:** Hohe Anzahl Artikel mit sehr tiefem Umsatz (Auftragspositionen AP/h oder Volumeneinheiten in m³/h) pro Artikel

Aufgrund dieser unterschiedlichen Charakteristiken der einzelnen Systemzonen gelangen im Allgemeinen Systemalternativen mit unterschiedlichen Technologien und Organisationsformen pro Systemzone zum Einsatz.

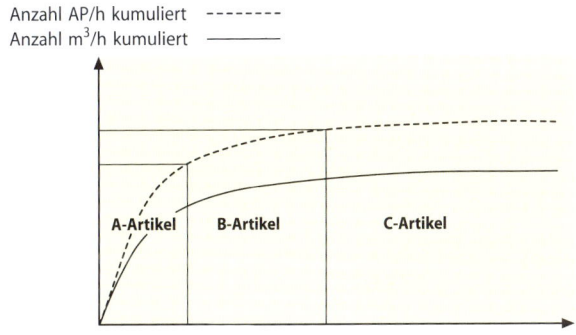

Bild 34: *Einteilung des Artikelsortiments eines Systembereichs in Systemzonen (ABC-Analyse)*

 Für den Planer des Lagerlogistiksystems stellen sich zu diesem Zeitpunkt der **Grobplanung** die folgenden drei fundamentalen Fragen:

Frage 1:
Wie viele **Systemzonen** sollen pro Systembereich gebildet werden?

Frage 2:
Welche **Systemalternative** (Technologie und Organisationsform) gelangt in welcher Systemzone zum Einsatz?

Frage 3:
Wo sollen die **Grenzen** zwischen den einzelnen Systemzonen festgelegt werden?

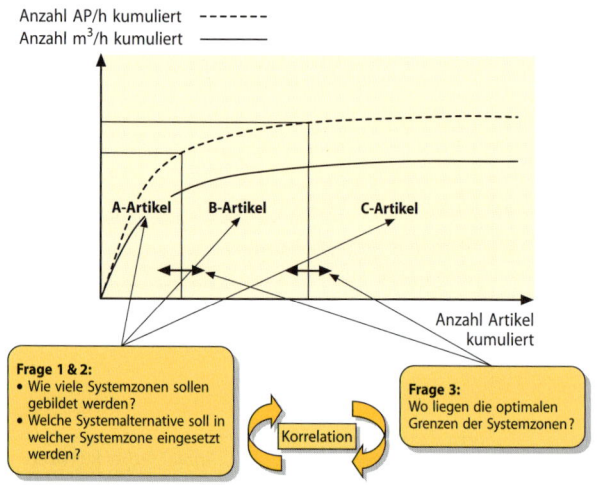

Bild 35: *Die drei Kernfragen in der Lösungssynthese der Lagerlogistikgrobplanung*

Durch die gegenseitige Abhängigkeit dieser drei Fragestellungen ergibt sich somit ein komplexes Optimierungsproblem. Die Firma Swisslog in der Schweiz hat das heuristische Verfahren „Modulstore-Designer" entwickelt, das den Planer bei diesem komplexen Optimierungsproblem effektiv unterstützt.

9.2   Generierung der Lösungsalternativen

Bei der Generierung der Lösungsalternativen für die einzelnen Systemzonen stehen vor allem **Kreativitätstechniken** im Vordergrund. Kreativitätstechniken können in die folgenden Kategorien unterteilt werden:

▶ Intuitive Kreativitätstechniken
▶ Analytisch-systematische Kreativitätstechniken

Die intuitiven Kreativitätstechniken gelangen vor allem in Gruppenarbeiten zum Einsatz. Sie sollen dazu beitragen, Verhaltensmuster und Denkbarrieren der Gruppenmitglieder zu durchbrechen und somit neue Wege zur Synthese von Lösungen ermöglichen.

Analytisch-systematische Kreativitätstechniken unterstützen den Planer, wenn es darum geht, das Lösungsspektrum der Subsysteme eines übergeordneten Systems möglichst vollständig zu erfassen.

 In der Planung von Lagerlogistiksystemen hat sich vor allem das **morphologische Schema** bewährt.

Grundsätzlich werden im morphologischen Schema die einzelnen Subsysteme oder Systemkomponenten mit ihren möglichen Ausprägungen dargestellt. Durch die Kombination jeweils einer Ausprägung pro Subsystem bzw. Systemkomponente entsteht eine mögliche Lösungsvariante. Durch die grafische Verbindung können mehrere Lösungsvarianten in einer Tabelle übersichtlich dargestellt und verglichen werden. Im folgenden Bild ist beispielhaft ein morphologisches Schema für die Subsysteme des

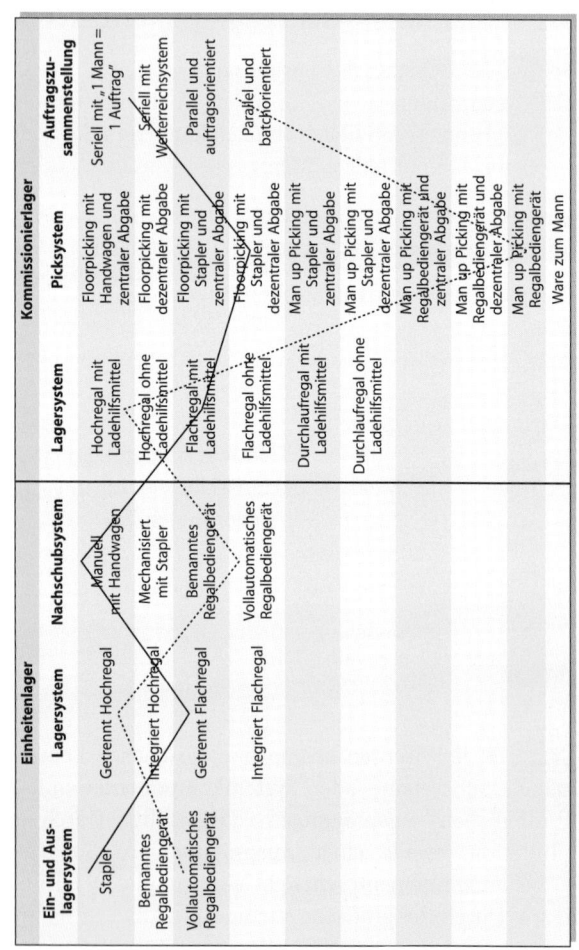

Bild 36: *Beispiel eines morphologischen Schemas für die Kombination zwischen Einheiten- und Kommissionierlager*

Einheiten- und Kommissionierlagers dargestellt. Die zwei eingezeichneten Polylinien entsprechen je einer Lösungsvariante.

9.3 Darstellung der Lösungsalternativen

Als wichtigstes Hilfsmittel zur Darstellung der Gesamtlösungsvariante dient das lösungsabhängige Materialflussdiagramm. Im lösungsabhängigen Materialflussdiagramm werden die lösungsspezifischen Kennzahlen abgebildet.

 Die lösungsabhängigen Materialflussdiagramme dienen somit zur kompakten, quantitativen Beschreibung der einzelnen Lösungsvarianten.

Die folgenden Informationen müssen im Allgemeinen im lösungsabhängigen Materialflussdiagramm enthalten sein:
Pro Lagerbereich:

- ▶ Anzahl Artikel
- ▶ Anzahl und Art der Picklagerplätze
- ▶ Anzahl und Art der Reservelagerplätze
- ▶ Anzahl Pickeinheiten/h

Pro Materialfluss zwischen den einzelnen Lagerbereichen:

- ▶ Art der Transporteinheiten
- ▶ Anzahl Transporteinheiten/h

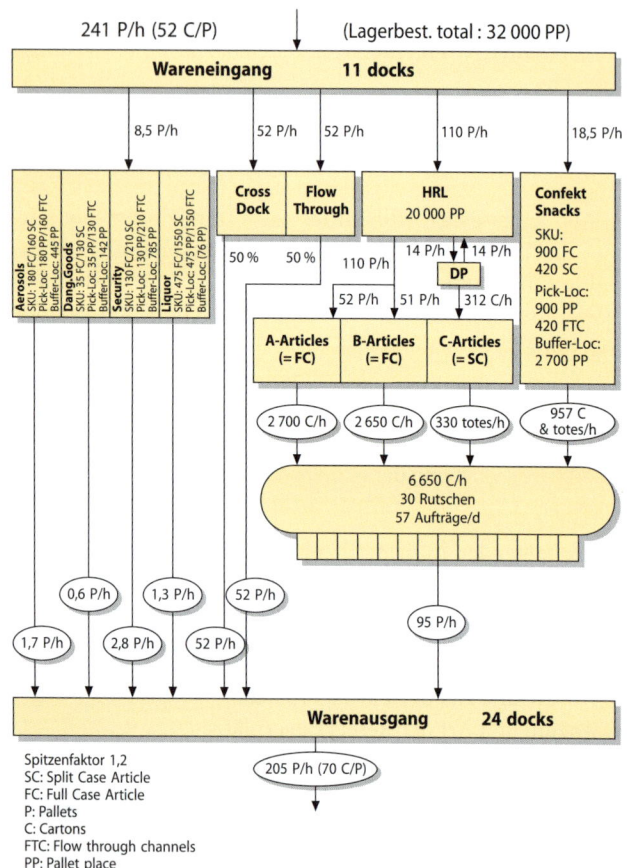

Bild 37: *Lösungsvariantenabhängiges Materialflussdiagramm*

10   Analyse von Lösungen

10.1 Einleitung

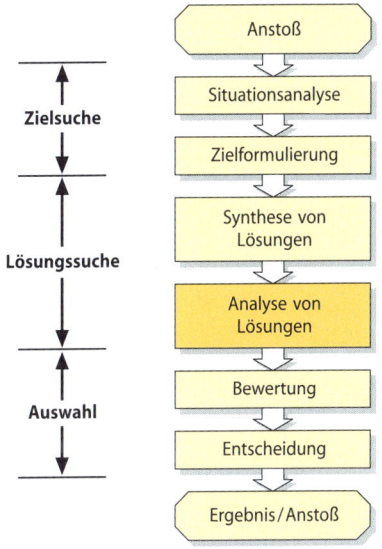

Bild 38: *Die Analyse der Lösungen im Problemlösungszyklus*

Bei der Analyse steht der Aspekt der Prüfung und Weiterentwicklung im Vordergrund.

 Es geht ausdrücklich noch nicht um einen Vergleich mit anderen Lösungsvarianten, sondern um die **Betrachtung jeder einzelnen Variante für sich**.

Grundsätzlich können die folgenden zwei Analysearten unterschieden werden:

▶ Intuitive Analyse
▶ Systematische Analyse

10.1.1 Intuitive Analyse

Bei der Entstehung von Lösungsvarianten erfolgt im Allgemeinen auch gleich eine intuitive Bewertung der Güte und Eignung der Lösungsvariante. Diese menschliche Eigenschaft birgt sowohl positive als auch negative Aspekte in sich:

▶ Der positive Aspekt besteht darin, dass durch die sofortige Bewertung neue Lösungsansätze und Ideen generiert werden.
▶ Der negative Aspekt ist darin zu sehen, dass ein vorzeitiges Ausscheiden von Lösungen erfolgen kann, bevor die eigentliche Güte dieser Lösung geprüft wurde.

 Die intuitive Analyse wird die Erarbeitung von Lösungsvarianten immer mit beeinflussen. Der Planer muss sich aber diesem negativen Aspekt stets bewusst sein, damit keine einseitige Lösungserarbeitung erfolgt.

10.1.2 Systematische Analyse

Bei der systematischen Analyse erfolgt eine sachliche Prüfung der erarbeiteten Lösungsvarianten. Diese Analyse kann in die folgenden Teilschritte zerlegt werden:

▶ Statische Prüfung
▶ Dynamische Prüfung

10.2 Statische Prüfung

Im Rahmen dieser Prüfung geht es darum, die Lösung als Gesamtsystem zu betrachten, um deren Funktionserfüllung und Realisierbarkeit abzuschätzen.

- ▶ Sind die Voraussetzungen und Bedingungen, unter denen die Lösungsvariante funktionieren kann, erfüllt?
- ▶ Ist die Lösungsvariante in dem Sinne vollständig, dass sie mit anderen Lösungsvarianten verglichen werden kann?
- ▶ Sind die im Zielkatalog definierten Ziele erfüllt?
- ▶ Welche Konsequenzen in finanzieller, personeller und organisatorischer Art sind mit der Lösung verbunden?

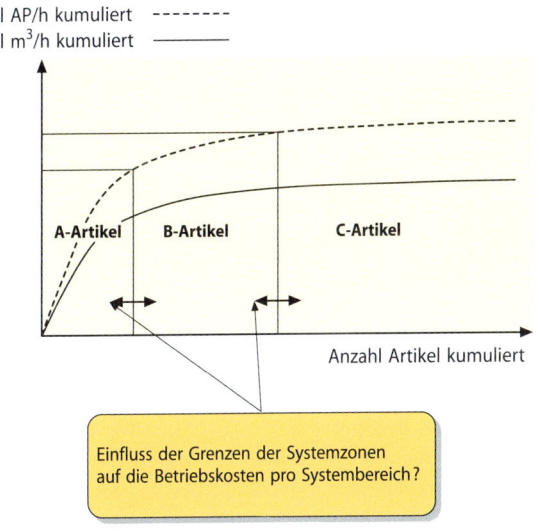

Bild 39: *Einfluss der Grenzen der Systemzonen auf die Betriebskosten pro Systembereich*

Sämtliche **Muss-Ziele im Zielkatalog** sind durch jede Lösungsvariante zu erfüllen. Diejenigen Lösungsalternativen, die eines oder mehrere der Muss-Ziele nicht erfüllen, müssen im Sinne eines iterativen Vorgehens angepasst werden, bis sie allen Muss-Zielen genügen. Falls diese Anpassung nicht möglich ist, hat man die Lösungsalternative auszuscheiden.

Im Rahmen der Lösungsanalyse muss auch überprüft werden, wie sich eine Veränderung der Grenzen der Systemzonen auf den gesamten Systembereich auswirkt.

10.3 Dynamische Prüfung durch eine Simulation

Bei der dynamischen Prüfung wird die **Charakteristik des Gesamtsystems** in Abhängigkeit der einzelnen Subsysteme oder Systemelemente untersucht (Sensitivitätsanalyse). Dabei müssen die folgenden Fragestellungen analysiert werden:

▶ Wo treten bei Systemüberlastung Staueffekte auf?
▶ Was für Rückkopplungseffekte können durch Stauprobleme verursacht werden?
▶ Wie verhalten sich die Auftragsdurchlaufzeiten?
▶ Wie hoch ist die Verfügbarkeit des Gesamtsystems?

Die Untersuchung der dynamischen Aspekte ist aufgrund der höheren Komplexität im Allgemeinen auch mit einem höheren Aufwand verbunden. Grundsätzlich bietet sich in der Lagerlogistikplanung die Simulation des Lagerlogistiksystems an. Gemäß der VDI-Richtlinie 3633 versteht man unter der Simulation die Nachbildung eines geplanten oder realen Systems in einem Modell.

Falls ein System durch eine Vielzahl von zeit- und zufallsabhängigen Größen bestimmt wird und die Zusammenhänge der einzelnen Systemelemente über einfache Wechselwirkungen hinausgehen, stößt man mit rein mathematisch-analytischen Methoden schnell an deren Grenzen.

10.3.1 Klassifizierung der Simulationsmodelle

Grundsätzlich können die Simulationen nach der Art des zu untersuchenden Gegenstandes eingeteilt werden:

▶ Technisch orientierte Simulation von Systemkomponenten

▶ Strategisch orientierte Simulation von Gesamtsystemen, die sich aus den einzelnen Systemkomponenten zusammensetzen

Eine weitere Unterteilung der Simulationen erfolgt nach dem zeitlichen Einsatzpunkt der Simulation:

▶ Bottom-up
▶ Top-down

Bottom-up-Ansatz

Der Bottom-up-Ansatz kommt in der Lagerlogistikgrobplanung zum Einsatz. Im Rahmen dieser Simulation ist man an folgenden **Punkten** interessiert:

▶ Machbarkeit (technische Leistungsuntersuchungen)
▶ Systemauslegung (Layoutuntersuchungen)
▶ Einfluss bestimmter Systemparameter quantifizieren
▶ Vergleich mehrerer Lösungsvarianten

Die Simulationsmodelle in dieser Phase berücksichtigen also vor allem die Layoutgestaltung und die Leistungsdaten einzelner mechanischer Komponenten.

Top-down-Ansatz

Der Tow-down-Ansatz wird in der Realisierungsphase der Anlage eingesetzt, in der die wesentlichen Komponenten der Anlage schon bekannt sind. Die **Themen** bei dieser Art der Simulation lauten dann wie folgt:

▶ Besseres Verständnis für das dynamische Systemverhalten
▶ Strategien zur Steuerung des Materialflusses
▶ Einfluss stochastischer Größen bestimmen
▶ Optimierung des Betriebsmitteleinsatzes
▶ Ausweichstrategien entwickeln

Oft wird vergessen, dass das Simulationstool nach der Inbetriebnahme der Anlage unter anderem für folgende **Problemstellungen** auch weiter genutzt werden kann:

▶ Softwaretest bei nachträglichen Änderungen an der Software
▶ Strategieanpassung bei Veränderung des Artikelspektrums
▶ Schulung von neuen Mitarbeitern

10.3.2 Beurteilung des Simulationseinsatzes

Der Aufwand zur Erstellung einer Simulation ist nicht zu unterschätzen. Auch bei der Simulation nach dem so genannten Bottom-up-Ansatz müssen komplexe Modelle erstellt werden, die das **Anlageverhalten** hinreichend genau abbilden können. Auf der anderen Seite kann aufgrund der immensen Anzahl an Einflussgrößen nur mit einer Simulation das dynamische Anlageverhalten des Systems analysiert werden. Somit ergibt sich diese Schlussfolgerung:

 Falls keine hinreichend genauen mathematischen Modelle aufgestellt werden können, die den Einsatz von analytischen Rechenverfahren zur Analyse des dynamischen Anlageverhaltens erlauben, sollte bei komplexen Lagerlogistiksystemen auch im Rahmen der Grobplanung nicht auf den Einsatz einer Bottom-up-Simulation verzichtet werden.

11 Bewertung und Auswahl von Lösungen

11.1 Einleitung

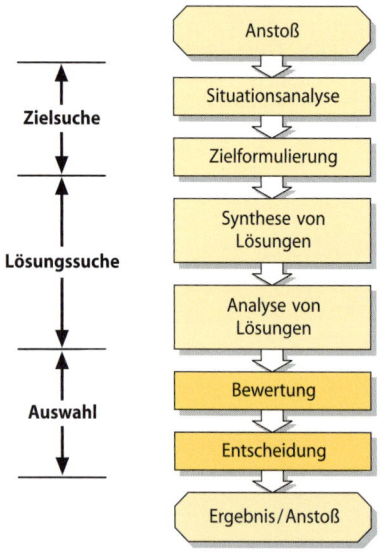

Bild 40: *Die Bewertung und Entscheidung im Problemlösungszyklus*

Für die Bewertung und Auswahl von Lösungsvarianten stehen die Bewertungstechniken im Vordergrund. Folgende **Voraussetzungen** müssen erfüllt sein:

▶ Zu unterscheidende Lösungsvarianten müssen bekannt sein.
▶ Bewertungskriterien für diese Lösungsvarianten müssen bekannt sein.

▶ Erfüllung der Bewertungskriterien durch die einzelnen Lösungsvarianten kann eingestuft werden.

Die zu unterscheidenden Lösungsvarianten wurden in der Phase der Lösungssynthese und Lösungsanalyse erarbeitet. Zur Bewertung der einzelnen Lösungsvarianten sollten in erster Linie die im Zielkatalog (vgl. Tab. 12) formulierten Ziele verwendet werden.

11.2 Wirtschaftlichkeitsanalyse

Zur Untersuchung der Kostenkriterien wird die Wirtschaftlichkeitsanalyse eingesetzt. Grundsätzlich werden in der Wirtschaftlichkeitsanalyse folgende Verfahren unterschieden:

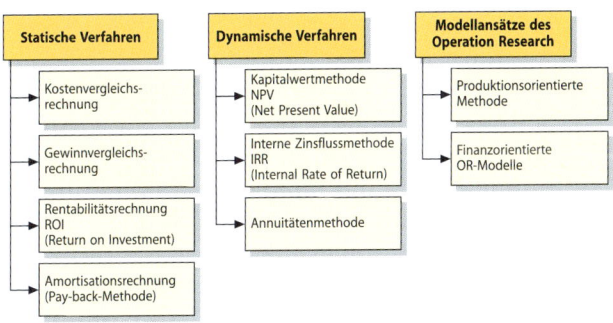

Bild 41: *Verfahren der Wirtschaftlichkeitsanalyse*

11.2.1 Beurteilung der statischen Verfahren in der Lagerlogistikplanung

Statische Verfahren sind dadurch gekennzeichnet, dass zeitliche Aspekte der Geldflüsse nicht berücksichtigt werden. Unter zeitlichen Aspekten werden Einflussfaktoren wie Kapitalverzinsung, Varianz der Geldflüsse während der Rechenperiode usw. verstanden. Beim Vergleich von manuellen und automatischen Lösungsvarianten für Lagerlogistiksysteme können die Geldflüsse im Laufe der Zeit aber erheblich variieren.

Beispielsweise nehmen die Betriebskosten bei manuellen Lösungsvarianten aufgrund der zunehmenden Personalkosten kontinuierlich mit dem Durchsatz zu. Bei automatischen Lösungsvarianten sind die Betriebskosten in der Startphase eher höher, da die Leistung der Anlagen auf einen Zeithorizont von mehreren Jahren ausgelegt werden muss. Hingegen nehmen die Betriebskosten nicht im gleichen Maß mit dem Durchsatz wie bei der manuellen Lösung zu. Werden nun Verfahren wie z. B. die **Pay-back-Methode** angewandt, so werden nur die ersten paar Betriebsjahre des Lagerlogistiksystems berücksichtigt, wodurch manuelle Lösungen im Allgemeinen besser abschneiden. Bei einer durchschnittlichen Anlagenbetriebsdauer von ca. 6–10 Jahren führen Variantenvergleiche mit der Pay-back-Methode zwischen manuellen und automatischen Lösungsalternativen im Allgemeinen zu falschen Aussagen.

 Wenn immer möglich, sollte versucht werden, statische Verfahren der Wirtschaftlichkeitsanalyse in der Lagerlogistik zu vermeiden.

11.2.2 Beurteilung der dynamischen Verfahren in der Lagerlogistikplanung

Dynamische Verfahren berücksichtigen dagegen den Faktor Zeit bei der Betrachtung der Geldflüsse und eignen sich somit für den Einsatz in der Lagerlogistikplanung.

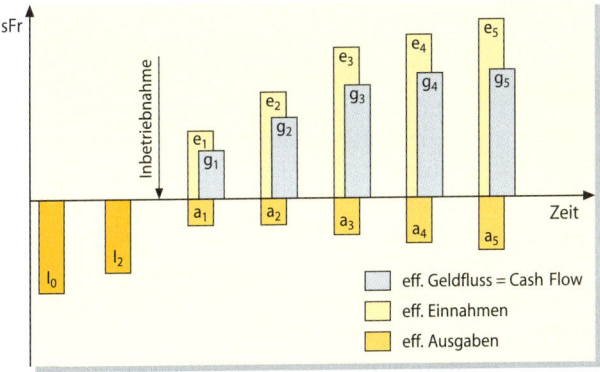

Bild 42: *Effektive Geldflüsse bei dynamischen Verfahren der Wirtschaftlichkeitsanalyse*

11.2.3 Beurteilung der Modellansätze des Operations Research

Die Modellansätze des Operations Research versuchen **Interdependenzen** zwischen Funktionsbereichen wie Absatz, Produktion, Finanzierung und Investitionen zu berücksichtigen. Anwendungsfälle in der Praxis sind heute aber aufgrund des hohen Abstraktionsniveaus noch sehr selten.

11.2.4 Aussagekraft von Kennzahlen der Wirtschaftlichkeitsanalyse

Bei der Berechnung der Wirtschaftlichkeit einer Investition geht es darum, eine absolute Kennzahl zu berechnen. Diese Kennzahl erlaubt es, die Wirtschaftlichkeit einer Sachinvestition (z. B. Erweiterung des Produktionsbetriebes) mit anderen Investitionsmöglichkeiten (z. B. Finanzinvestition durch Aktienkauf) zu vergleichen. In vielen Investitionsprojekten kann aber keine absolute Wirtschaftlichkeitskennzahl berechnet werden, da man die laufenden Einnahmen e_t, die aufgrund einer getätigten Investition anfallen, nicht genau kennt. Ein Grund dafür liegt darin, dass die laufenden Einnahmen e_t oft durch externe Faktoren beeinflusst werden (Verhalten der Konkurrenz, Verhalten der Kunden, Veränderungen der Rohstoffpreise usw.), die sehr schwer zu prognostizieren sind. In diesen Fällen muss man sich mit der **Kostenvergleichsrechnung** oder mit relativen Wirtschaftlichkeitskennzahlen zufrieden geben. Häufig wird die Wirtschaftlichkeitsanalyse aber auch verwendet, um die Variantenauswahl bei Investitionsprojekten zu unterstützen.

 Die so berechneten Kennzahlen stellen keine absoluten Wirtschaftlichkeitskennzahlen für die einzelnen Varianten dar, sondern Indikatoren, die angeben, wie das zusätzliche Kapital für die investitionsintensivere Variante investiert ist.

11.3 Nutzwertanalyse

Für die Beurteilung der qualitativen Kriterien aus dem Zielkatalog gelangt die Nutzwertanalyse zum Einsatz. Durch die Nutzwertanalyse kann eine Vielzahl von Bewertungskriterien mit unterschiedlichen Maßstäben für die Beurteilung berücksichtigt werden. Die Kriterien und deren Anzahl, die in die Nutzwertanalyse einfließen, hängen sehr stark von den jeweiligen Kundenbedürfnissen ab.

 Es hat sich in der Lagerlogistikgrobplanung aber bewährt, nicht mehr als 20 Kriterien in einer Bewertung zu verwenden.

Im unten stehenden Teil wird die Methode der Nutzwertanalyse anhand von nur sechs qualitativen Kriterien dargestellt. In einem ersten Schritt werden die einzelnen Bewertungskriterien K_i in einer **Gewichtungsmatrix** dargestellt und mit einem normierten Gewichtungswert G_i versehen (vgl. Tab. 13).

Nun werden die einzelnen Bewertungskriterien K_i für jede Lösungsvariante mit einem Skalierungswert S_i (= Erfüllungsgrad) versehen (vgl. Tab. 14).

Das Produkt aus $W_i = G_i \cdot S_i$ entspricht nun für jede Lösungsvariante dem Nutzwert W_i des einzelnen Bewertungskriteriums K_i. Die Summe aller W_i entspricht dem gesamten Nutzwert W einer Variante. Somit können die Varianten in eine Reihenfolge gebracht werden, die dem Nutzen der einzelnen Varianten in Bezug auf die der qualitativen Kriterien entspricht (vgl. Tab. 15).

Qualitative Kriterien		a	b	c	d	e	f	Gewicht	Gewicht G_i normiert
Leistungsflexibilität	A	x	1	2	2	2	4	11	18
Lieferqualität	B	3	x	3	3	3	4	16	27
Verfügbarkeit	C	2	1	x	2	3	4	12	20
Strukturflexibilität	D	2	1	2	x	3	4	12	20
Ausbaufähigkeit	E	2	1	1	1	x	3	8	13
Mehrschichtbetrieb	F	0	0	0	0	1	x	1	2
Summe								**60**	**100**

Tab. 13: *Gewichtungsmatrix der einzelnen Kriterien*

Qualitative Kriterien	Skalierungswerte S_i			
	1	2	3	4
Leistungsflexibilität	schlecht	befriedigend	gut	sehr gut
Lieferqualität	schlecht	befriedigend	gut	sehr gut
Verfügbarkeit	schlecht	befriedigend	gut	sehr gut
Strukturflexibilität	schlecht	befriedigend	gut	sehr gut
Ausbaufähigkeit	schlecht	befriedigend	gut	sehr gut

Tab. 14: *Skalierungsmatrix der qualitativen Kriterien*

Qualitative Kriterien	G_i	V1		V2		V3		V4		V5		V6	
		S_i	W_i	S_i	W_i	S_i	W_i	S_i	W_i	S_i	W_i	S_i	W_i
Leistungsflexibilität	184	4	73	1	18	3	55	2	37	3	55	3	55
Lieferqualität	27	4	107	1	27	3	80	2	53	3	80	4	107
Verfügbarkeit	20	1	20	4	80	1	20	3	60	3	60	2	40
Strukturflexibilität	20	1	20	4	80	1	20	3	60	3	60	2	40
Ausbaufähigkeit	13	1	13	4	53	1	13	3	40	3	40	2	27
Mehrschichtbetrieb	2	1	2	4	7	1	2	3	5	2	3	2	3
Nutzwert W_{tot}			235		265		190		255		298		272

Tab. 15: *Nutzwertanalyse der qualitativen Kriterien*